Interthinking

인터씽킹 아이디어를 창출하는 대화법

Interthinking

인터씽킹 아이디어를 창출하는 대화법

캐런 리틀턴, 닐 머서 지음
김미경, 김준경, 유미숙 옮김

Σ 시그마프레스

인터씽킹 아이디어를 창출하는 대화법

발행일 | 2019년 6월 25일 1쇄 발행

지은이 | 캐런 리틀턴, 닐 머서
옮긴이 | 김미경, 김준경, 유미숙
발행인 | 강학경
발행처 | ㈜시그마프레스
디자인 | 김은경
편 집 | 류미숙

등록번호 | 제10-2642호
주소 | 서울특별시 영등포구 양평로 22길 21 선유도코오롱디지털타워 A401~402호
전자우편 | sigma@spress.co.kr
홈페이지 | http://www.sigmapress.co.kr
전화 | (02)323-4845, (02)2062-5184~8
팩스 | (02)323-4197

ISBN | 979-11-6226-203-0

Interthinking: Putting Talk to Work

＊ 책값은 책 뒤표지에 있습니다.

이 도서의 국립중앙도서관 출판예정도서목록(CIP)은 서지정보유통지원시스템 홈페이지(http://
seoji.nl.go.kr)와 국가자료공동목록시스템(http://www.nl.go.kr/kolisnet)에서 이용하실 수 있습
니다.(CIP제어번호 : CIP2019023010)

들어가는 글

인간은 말을 통해 생각과 감정을 전달하고 말을 통해 다른 사람의 의중이나 감정을 이해한다. 아울러 인간은 혼자 하는 일보다는 조직 속에서 일원으로 대화를 하며 함께 작업을 한다. 먼 거리에 떨어져 있는 사람끼리도 화상으로 많은 사람이 동시에 대화를 나누게 된다.

현대에 들어 소통의 중요성을 강조하고 학문 분야는 물론 일터에서도 융합을 강조하면서도 우리가 어떻게 말하고 있고 상대가 어떻게 이해하고 있으며 함께 나눈 대화가 어떻게 효과적인 영향을 미치는지에 관해서는 체계적인 연구가 미흡했다. 이런 목마름에 케임브리지의 닐 서머 교수는 체계적인 연구를 내놓고 영국은 물론 싱가포르의 교육정책에까지 영향을 미치는 작업을 수행하였다.

역자가 연구년에 닐 서머 교수의 연구실을 방문하게 되었는데, 따뜻한 성품과 자상한 모습이 인상적이었다. 닐 서머 교수를 만나기 전에 책을 먼저 읽었던 터라 우리는 '인터씽킹'의 중요성과 필요성에 관해 이야기를 나누었고, 이 분야를 임상에서도 적용해 보기로 하였으며 그 후에 역자의 박사 지도학생의 논문 주제로 발전시켰다.

이 책이 분석한 사례들을 보면 직장에서, 교실에서, 공연 리허설에서, 온라인 환경에서, 함께 작업하는 과정에서 어떻게 인터씽킹이 일어나는지 잘이해할 수 있다. 사회문화심리학적 관점에서 인터씽킹의 과정과 창조적 능력을 소개하며 머리를 맞대고 이야기한다고 모두 효과적인 인터씽킹이 아님을 강조하고 사례를 통해 각 영역에서 생산적이고 성공적인 결과를 도출하기 위한 인터씽킹의 대화과정을 명쾌하게 설명하고 있다.

이 책을 읽는 독자는 다양할 것이다. 이 책을 정독하고 응용하면, 훌륭한 교사로, 훌륭한 직장의 리더로, 예술과 창작 분야의 전문가로 창조적인 결과를 만드는 데 유용하리라 기대된다. 더욱이 교육학, 심리학, 경영학, 언어학 등의 관련된 학부와 대학원의 교재로 손색이 없으며 인간관계의 기술이나 소통전문가를 양성하는 분들에게 좋은 참고 서적이 될 것을 확신한다.

이 책의 번역 작업을 한 김미경 예비박사는 닐 머서 교수의 제자이고, 김준경은 커뮤니케이션을 전공하는 박사 수료생이다. 이들도 이 책을 통해 학문이나 현장의 효율적인 성취와 소통을 촉진할 기술을 전파하는 데 일조하기를 고대하는 마음으로 동참하였다. 끝으로 이 책을 번역하도록 용기를 주신 닐 머서 교수님께 감사드린다. 아울러 오랫동안 출간을 기다려 주시고 격려해 주신 (주)시그마프레스의 강학경 사장님과 편집부 직원 여러분에게 깊이 감사드린다.

역자 일동

머리말

구어 사용을 통해 사람들은 함께 창조적이며 생산적으로 사고할 수 있다. 이러한 '인터씽킹'은 인류 역사의 중요한 산물이며 오늘날 생존에 있어서도 중요한 능력이다. 업무와 관련된 다양한 활동은 팀이나 그룹이 공동적 문제해결 방법을 성공적으로 찾아내는 데에 달려 있다. 창조적인 과업들이 개인적인 노력만으로 달성되는 경우는 극히 드물며, 사실 이는 공동으로 작업하는 집단 내의 사람들을 통해 이루어진다.

인터씽킹 : 아이디어를 창출하는 대화법(*Interthinking: Putting Talk to Work*)은 전문용어 없이 이해하기 쉽게 쓰였으며, 사람들의 창조적이며 생산적인 공동사고에 대한 연구들에 대해 살펴본다. 인간의 진화와 인지에 대해 지극히 개인중심적인 설명에 반박하며, 국제적으로 잘 알려진 이 책의 저자들은 직장, 학교, 공연 리허설과 온라인 환경을 포함하는 일상에서의 실제 사례들의 분석을 제공한다.

저자들은 사회문화심리학을 통해 인터씽킹의 과정과 인터씽킹의 창조적 힘에 대해 탐구할 뿐만 아니라 왜 공동사고가 항상 생산적이거나 성공적이지는 못한지를 설명한다. 이러한 지식을 통해 인터씽킹 능력의 건설적인 이점들을 극대화할 수 있으며, 젊은 세대들은 인터씽킹 능력을 육성 및 발전시키고 인터씽킹의 가치를 인식하는 데에 효과적인 방법들을 이해할 수 있다.

이 책은 학술연구자, 교육학이나 심리학 학부 및 대학원 과목의 수강생과 교사들에게 유용할 것이다. 또한 언어, 창조성 및 일상생활에서 심리학의 역할에 대해 흥미가 있는 모든 사람에게 유익할 것이다.

일러두기

본 연구의 데이터는 가장 복잡하지 않은 양식으로 전사하였다. 즉, 원자료에 접근이 가능한 연구자로서 의미가 통하는 선에서 문법적으로 말이 되는 구절과 문장 형식으로 대화를 기술하였다. 분석에 직접적 연관성이 있는 장비와 비언어적 의사소통에 대한 정보나, 다른 맥락적 정보는 고딕체나 괄호 안에 기재하였다. 말이 끊긴 게 몇 초인지, 음절의 길이, 그 외의 정황적 세부 사항과 같은 부수적 정보의 기재 여부는 독자의 가독성을 방해하는가, 우리가 다루는 문제와 연관성이 있는가에 의거해 판단하여 기재하지 않기도 하였다. 단, '음', '오'와 같은 비단어적 표현이 의사소통의 기능을 가지고 있다고 판단했을 때에는 기재하였다 (예 : 놀라움, 동의에 대한 표현 또는 본인의 말이 끊이지 않도록 시간을 벌려는 의도). 말에 힘을 실어 강조할 때 또한 고딕체로 기재하였고, 대화를 주고받으면서 끊임없이 이어가는 경우 상대방이 말을 이어 말하는 구간에 대괄호[   ]를 표기하였다. 실제 대화의 전사가 불확실한 부분은 괄호(   )로 표기하였다. 잘 들리지 않는 부분은 발췌가 불가능하다고 표기하였다.

차례

제 4 장
디지털 테크놀로지와 인터씽킹

제 5 장
언어와 함께 생각하는 과정

그림, 표 목록

그림 목록

표 목록

표 3.1은 도로시 미엘과 캐런 리틀턴의 동의를 구한 후, 그림 4.2는 Routledge의 동의를 구한 후, 그림 4.4는 레베카 퍼거슨의 동의를 받아 사용하였음을 밝힌다.

제 1 장

인터씽킹 이해하기

서론

학창 시절 과학시간이라고 상상해보자. 오늘은 태양계에 대해 배울 것이라고 하며 선생님이 수업을 시작한다. 달은 왜 한 달 주기로 모양이 변하는지 누가 반 친구들에게 설명하라고 하면서 선생님이 바로 당신을 쳐다본다. 당신은 어떤 기분이 들겠는가? 당신이 자신감이 넘치고 과학지식이 풍부한 학생이라면 전혀 걱정이 되지 않을 것이다. 명쾌한 답을 말할 수 있을 테니까! 하지만 그렇다 하더라도 '과연 이게 정답일까?'에 대한 확신이 없기 때문에 불안한 마음이 마음 한 켠에 있을 수 있다. 이제 다른 수업 상황을 상상해보자. 같은 주제이다. 하지만 이번에는 선생님이 각자 3명씩 조를 짜서 왜 달의 모양이 변한다고 생각하는지에 대해 서로 5분간 토론하라고 말한다. 조원 중 한 명이 조대표가 되어 반 친구들에게 합의한 내용을 발표하라면서. 이 시나리오에서 당신은 다르게 느껴지는가? 앞으로 닥칠 대답을 해야 하는 일이 덜 불안스럽게 느껴진다면, 이것이 바로 이 책의 핵심내용인 인터씽킹 interthinking을 통해 얻게 되는 힘이다.

이 책의 목표는 주로 구어spoken language를 활용하여 사람들이 어떻게 함께 사고에 창의성과 생산성을 더하는지를 설명하는 것이다. 우리는 이러한 대화의 과정에서 단순히 함께여서가 아니라 함께 생각하기 위해 말을 사용한다는 것을 강조하기 위해 '인터씽킹'이라고 부를 것이다. 이 능력은 우리 인류를 정의하는 특징 중 하나로서, 그 어느 때보다 오늘날 중요한 진화적 산물이라고 생각한다. 많은 업무상 활동들은 우리가 당면한 문제에 대한 해결책을 찾는 팀이나 그룹 작업의 성공에 달려 있다. 설문 조사에 의하면 팀의 효율성을 높이는 능력은 고용주들이 신입 사원에게서 가장 희망하는 특성 중 하나이다. 다른 사람과 함께 일할 수 있는 능력은 민주주의 및 공동체 활동에 적극적으로 참여하기 위해 요구된다. 위대한 업적을 한 개인의 노력과 연관시키는 시각도 존재하지만, 창의적인 업적에 관한 최근의 연구들은 그러한 개인들이 함께하는 지적인 유대 및 집단적 경영collective enterprises의 중요성을 강조한다(예 : Sawyer 2012 참조). 인터씽킹은 인류의 지식과 이해를 발달시키고 전파하기 위해 필요하다. 그러나 우리는 집단사고가 언제나 생산적이고 성공적이지 않다는 것을 알고 있다. 머리를 맞댄다고 언제나 혼자일 때보다 더 나은 결과를 가져오는 것은 아니므로 언제 그리고 어떻게 공동 작업이 효과적인지 알아야 한다.

이전 저서에서 학교가 학생들이 함께 사고하여 문제를 해결하는 능력을 키우는 데 힘써야 한다고 주장했다(예 : Mercer & Littleton 2007). 그러나 이것이 교육적으로 필수영역이라는 인식은 아직 부족하다. 읽기, 쓰기, 산수만큼이나 아동 발달에서 인터씽킹이 중요하다는 점을 교육부 장관에게 이해시키려고 고군분투했음에도 불구하고(오히려 교사들은 중요성을 바로 인식하고 이해하였다) 아직 인식이 부족하다. 그래서 어떻게 보면 인터씽킹의 교육적 강점을 보다 많은 사람에게 알리고자 하는 바람으로, 우리는 이 책에서 사람들이 많은 상황에서 함께, 그리고 창의적으로 사고하기 위해 어떤 대화법을 습득하면 유용한가를 나누고자 한다. 이를 위해 교육 환경 및 그

외의 환경에서 인터씽킹이 어떻게 일어나는지 살펴볼 것이다. 우리 저자 중한 명은 이전에 이 문제를 이미 다루었지만(Mercer 2000), 그 이후에 본 저자들뿐만 아니라 동료들 사이에서도 많은 인터씽킹이 일어났다. 여러 집단활동의 예시와 연구들을 활용하여 우리는 어떻게 인터씽킹이 작용하는지—왜 어떨 때는 제대로 일어나고 어떨 때는 그렇지 않은지—설명할 것이다. 우리가 도달한 결론이 집단에 기반한 문제해결이나 창의적 활동의 효과성을 극대화하는 데 관심을 가진 사람들에게 실용적인 안내서가 될 수 있기를 바란다.

개인적이고 집단적인 사고

특히 심리학에서 학습 및 문제해결은 개인이 독립적으로 수행하는 과정으로 간주한다. 우리 저자들은 심리학자이자 학생으로서의 경험을 통해 이 전제를 수긍해 왔다. 한때 이는 참으로 합리적으로 여겨졌다. 그러나 지금으로선 그다지 일리 있어 보이지 않는다. 심리학 연구자로서, 업무 동료로서, 어린아이들의 보호자로서, 더 일반적으로는 교사이자 학습자로서 우리 경험을 모두 종합해보면 학습 및 문제해결은 보통 사회적 상황에서 상당한 의사소통이 오고 가는 과정을 거친다는 공통점이 있다. 문제에 부딪혔을 때대개 사람들은 각자 자신의 머릿속에 저장된 것에만 의존하지 않는다. 심리학 실험실 상황과 대비되는 일상생활에서 사람들이 오로지 혼자서 문제와 씨름하는 경우는 드물다. 자기가 알아야 할 것을 파악하기 위해 서로에게 상당히 많이 의지하며, 새롭게 깨닫고 이해하기 위해 대개 함께 일한다. 심지어 학교라는 곳, 우리 연구의 대부분이 이루어지고 개인적으로 학습한 결과를 정기적으로 평가하는 학교에서조차 '학습(어떤 새로운 지식이나기술을 개인적으로 습득하는 것)'의 과정을 '교습(새로운 이해를 습득하도록 누군가를 적극적으로 도와주는 노력)'으로부터 분리하는 것은 어려운 일이다. 학습은 훌륭한 교습을 통해 향상되며, 훌륭한 교사는 주의 집중을 잘하고 학습 동기가 높은 학습자와 함께할 때 최고의 결과를 만들어낸다. 일상에서도 유사하다. 문제를 해결하는 것은 흔히 다른 사람들과의 상호작용을 수반하며, 대개 공통의 관심사나 목표가 있을 때 문제해결에 대한 동기가 높아진다. 공통의 목표를 달성하는 데 있어서의 성공 여부는 어느 정도 사람들이 서로 얼마나 잘 의사소통하는가에 달려 있다. 따라서 상호사고(인터씽킹)의 효과성을 극대화하는 법을 이해하는 것은 실제 중요한 가치를 지닐 수 있다. 그러나 집단적 사고의 중요성과 보편성에 대한 연구는 충분하지 않다. 인터씽킹의 과정 및 그 안에서 언어의 역할에 대해서는 이상할 정도로 간과해 왔다.

심리학이나 언어학, 사회학 및 타 학문 분야의 연구들을 보다 보면, 왠지 책장을 한 장만 넘기면 인터씽킹이라는 개념에 대한 분석과 설명을 마주할 것만 같은 느낌을 받을 때가 종종 있었다. 영향력 있고 몰입도 높으며 많은 정보를 담고 있었던 그런 책들은 다음과 같다. *Creative Collaborations*(John-Steiner 2000), *Group Creativity : innovation through collaboration*(Paulus & Nijstad 2003), *The Stuff of Thought : language as a window into human nature*(Pinker 2007), *Why We Collaborate*(Tomasello 2009), *Language : the cultural tool*(Everett 2012). 하지만 다음으로 책장을 넘겼을 때 저자는 그들의 탐구에 대한 해답을 찾아 (완벽하게 합당한) 다른 결론으로 다음 장을 나아가고 있곤 했다. 하기사 우리가 기대하는 길로 길을 틀기를 원하는 것이 그들에게는 자신이 의도한 이정표를 이탈하는 것을 의미할 것이다. 그러나 이 책들은 우리의 연구에 여전히 유용했다. 이 책 전반에 걸쳐 이 문헌들을 언급할 것인데, 어떻게 언어가 형식 및 활용의 두 가지 측면 모두에서, 사람이 세상을 이해하고 직면하는 문제를 해결하기 위해 사용하는 인지 과정과 통합되는지에 대해 발전된 인식을 제공할 것이다.

이 연구 분야는 꽤 이질적이다: 응용사회심리학, 발달심리학, 조직사회학, 신경과학, 언어학, 철학, 그리고 교육학적 연구. 업무환경에서 팀 기반 활동에 관한 응용사회심리학자들의 중요한 연구들은 제2장에서 설명할 것이다. 집단 창의성(제3장 및 제5장)과 교육현장에서의 집단 학습 및 문제해결(제4장 및 제5장)에 관해 상당한 연구가 진행되었다. 교육학 연구자들은 주로 집단 학습이 어떻게 개인 학생의 이해 및 습득의 향상을 돕는지에 관심을 가져왔다. 또한 그러한 연구는 사람들이 함께 배우고 인터씽킹하는 것을 성공적으로 하는 과정을 이해하는 데도 도움이 된다. 보다 나이 많은 사람과의 대화를 통해 발달하는 아동의 초기 언어 사용이 어떻게 인지 발달을 돕는지에 관한 많은 연구들이 발달심리학 및 언어학에서 진행되었다. 제5장에서 이러한 연구 결과로부터 사람들이 공동으로 생각하는 활동을 성공적으로 '공동 조절'하는 방식에 대해 어느 정도의 결론을 도출하고자 한다.

상호사고자로 진화

인간의 진화에 대한 연구는 역사적으로 생물학의 영역이었다. 그러나 비교적 최근에는 심리학자 및 사회인류학자들이 적극적으로 활동을 넓혀 가고 있다. 그들의 주된 관심사 중 하나는 인간의 뇌발달을, 물리적 구조물로서 뿐만 아니라 독특하고, 실제 유일무이한 기능적 기관으로서 이해하는 것이었다. 따라서 생존을 위한 진화적 요구가 우리 조상들로 하여금 어떤 종류의 사고 능력을 선택하도록 했는지를 설명하고자 하였다. 초기 연구는 개인의 지능에 초점을 맞추어, 환경 정보를 가장 효과적으로 처리하는 개인이 그렇지 못한 다른 사람에 비해 생존할 확률이 더 높을 것이라고 주장하는 경향이 있었다. 생물학자 리처드 도킨스(1976)의 저명한 저서 이기적 유전자(The Selfish Gene)와 상통하듯, 이러한 주장은 감각적이고 정보처리 능력에 있어 개인 간 우열이 존재한다는 것을 강조하며, 개인 간 경쟁을 기반으로 자손의 많고 적음이 결정된다고 설명한다. 이에 따라 하나의 종으로서 다른 종의 구성원과 경쟁적인 싸움 때문만이 아니라 인간 간의 경쟁으로 인해 우리 뇌는 점점 더 복잡한 뇌로 진화하게 되었다.

최근 들어 로빈 던바(1998) 같은 진화학자들은 인간의 진화적 성공을 환경 정보를 처리하는 개인의 능력에만 의존한다고 보는 것은 인간 뇌의 능력을 제대로 설명하지 못한다고 제안한다. 사실 인간 뇌의 형태 및 능력은 복잡한 사회적 관계를 이해할 수 있는 생존적 이점을 반영하고 있다고 여겨진다. 다양한 사람들이 보완적 역할을 맡은 공동체를 구성하는 능력은 인간의 역사 초기에 생존상 이점을 제공하였을 뿐만 아니라 개인에게 새로운 인지적 요구를 부과하였다. 이에 따라 진화심리학자는 사회심리학자들이 연구해 온 주제에 관심을 갖게 되었다. 사람들이 상호작용하면서, 비록 의식적으로 인식하지 못하는 와중에도 미묘한 사회적 신호를 알아차리고 반응하는 방식을 일컫는 바로 '사회 인지'에 관한 것이다. 사람들이 상호작용할 때 서로의 제스처와 자세를 '미러mirror'하게 되는 경향이 알려지게 되었다(Chartrand & Bargh 1999). 진화심리학자들은 신경과학자들이 인간을 비롯한 영장류의 뇌에서 '거울 뉴런'을 발견하게 되자 많은 호기심을 보여왔다. 거울 뉴런은 공동체 구성원의 행동을 관찰할 때 점화되는데, 이 뉴런은 본인이 그 행동을 직접 수행할 때 점화되는 뉴런을 포함한다(Mukamel, Ekstrom, Kaplan, Iacobon & Fried 2010).

이는 곧 관찰한 행동을 정신적으로 수행한다는 것을 뜻하는데, 이러한 미러링mirroring은 의도가 반영된 행동을 관찰할 시에만 일어난다. 이러한 점을 미루어 볼 때, 미러링은 누군가의 행동을 관찰자가 해석하는 것과 연관이 있음을 시사한다. 이에 대해 Faith와 Singer(2008: 3875)는 말한다. "다른 사람의 움직임을 관찰할 때 자동적으로 활성화되는 거울 시스템, 우리는 타인과 비슷한 목표와 행동을 하는 경향을 보이게 된다."

진화의 관점에서 우리 선조의 생존이 자신의 경험을 이해하고 자신의 행동을 다른 사람에게 맞추어 조정할 수 있을 뿐 아니라 다른 이들의 정신 상태 및 의도에 공감하는 개인적 능력에 달려 있다는 것은 오늘날 꽤 널리 받아들여지고 있다. 즉, 조상들은 세상이 다른 사람의 관점에서 어떻게 보이고 느껴질지 상상해볼 수 있게 되었다. 이러한 공감적 능력은 '마음 이론'이라고 불린다(Premack & Woodrull 1978). 심리학자 Grist(2009: 44)는 다음과 같이 설명한다.

> '마음 이론'이란, 즉 다른 사람의 입장에서 생각해보려는 인지적 노력 행위인데, 우리의 뇌가 이 이론을 적용할 때 우리는 다른 사람을 의식할 수 있게 된다. 마음 이론은 타인이 제3자에 대해 어떻게 생각하는지에 대해 사고해 보는 것을 포함한다. '파블로가 자기 아버지가 편찮으셔서 기분이 불편한데, 그런 파블로를 대하는 탐을 보고 제인은 탐에 대해 어떻게 생각할까?' 이는 매우 복잡한 종류의 인지이며, 인간에게만 국한된 인지능력일 수도 있다고 본다.

이는 집단사고의 중요성에 관한 우리의 관점과 일맥상통한다. 집단이나 공동체의 구성원이 자신의 개인적인 뇌를 집단적 문제해결 도구와 결합시켜서, 관련 지식을 나누고 함께 추론함으로써 공동체가 직면한 도전을 공동으로 극복해 나갈 수 있다면 생존에 도움이 된다. 그런데 이는 진화심리학자, 인류학자, 신경과학자들이 인간의 사고를 설명하기 위해 전형적으로 취해 온 방향이 아니다. 오히려 그들은 뇌가 사회적 관계를 이해하고 다른 사람의 인지와 정서를 추론하는 능력을 갖도록 발달하는 것이 경쟁이나 전쟁(Harcourt 1988, 앞서 언급한 던바의 책에서 인용)에서 개인의 성공을 불러오기 때문에 가치 있다고 주장해 왔다. 유사하게 개인주의적인 관점을 진화에 적용하는 언어철학자 Mercier와 Sperber(2011)는 인간의 추론 능력은 협동적이기보다는 우선 경쟁적인 사회적 메커니즘으로 이해해야 한다고 주장한다. 우리 각자는 살아남기 위해 다른 사람들이 우리가 원하는 것을 할 수 있도록 설득할 수 있어야 하기 때문이다. 그들 제안에 따르면 비록 왜 그런지는 분명하지 않지만 추론에 유능한 개인이 추론에 약한 개인보다 더 많은 자손을 미래 세대에까지 이어지게 할 가능성이 크다. 우리의 선조들에게서 논쟁이 집단 활동으로서 갖는 분명한 기능은 한 집단이 몇 가지 대안 행위 중 최선을 분별하여서 집단의 생존 확률을 높일 수 있다는 점일 것이다. 하지만 이러한 기능은 Mercier와 Sperber는 설득력이 낮다고 보았다.

인간 진화 메커니즘 설명으로서 지배적인 개인주의적 관점에 위배되므로 이에 따라 오늘날 태생적인 인간 인지의 사회성을 인식하는 것, 종종 '사회적 뇌 가설social brain hypothesis'(던바의 책에서 인용)이라고 하는 것의 기초에 대한 논의가 이루어지는데, 이는 고작 개인주의적인 접근의 단순히 새로운 수준의 설명을 만들어내고 있다. 즉, 어떻게 옛날 선조 중 어떤 개인들은 다른 사람보다 더 잘 살아남았고, 그래서 오늘날 과연 어떤 이들이 사회적 환경에서 자신에게 이롭도록 더 잘 협상하고 조정하는지 설명하는 것이다. 에드워드 윌슨 같은 사회생물학자가 제안한, 협동과 이타주의의 중요성을 주장하는 인간 진화에 대한 대안적 설명은 도킨스나 다른 진화학자들에게 과격하게 공격을 받았다(Dawkins 2012 참조).

진화학자들 간의 반목을 화해시킬 수는 없겠지만 인간 진화에 대한 설명이라면 인간에게 가장 두드러지는 능력, 즉 어째서 우리가 집단적으로 숙고하고 창의성을 밝휘하며 목표 지향적이고 지식을 쌓아가는 활동에 가담하는 능력을 발달시켰는지를 설명할 수 있어야 할 것이다. 물론 개인 간 경쟁으로 인간 인지에 대한 진화적 유래 및 성격을 부분적으로 설명할 수 있다. 그러나 오로지 이에 근거한 설명은 우리 종의 가장 중요한 특성 중 하나를 간과하고 있다. 우리는 집단적으로 상호사고하고 추론함으로써 문제를 해결해 나간다. 인간 진화에 대한 설명은 개인주의적이거나 집단적인 것 둘 중 하나를 취해야 할까? 앞서 언급한 윌슨이 주장하듯 생존의 차별점은 개인적인 수준에서뿐만 아니라 공동체의 수준에서도 설명될 수 있다. 뒤늦게 등장한 종으로서 우리 선조는 언어 및 다른 표상 도구를 사용하여 공동의 문제와 목표를 정의하고 어떻게 대응할지 미리 계획을 세울 수 있었기에 경쟁관계에 있는 종들보다 우위를 차지할 수 있었을 것이다. 게다가 공동사고에 뛰어난 구성원들로 이루어진 공동체는 개인들이 각자의 행위만을 추구했던 공동체에 비해 이점이 있었을 것이라고 예측해 볼 수 있다. 우리는 인간 발달에서 결정적인 진화가 사람의 인생사를 다루는 데 있어 각자 개인적으로 해결하는 것보다 공동체가 더 좋은 해결책을 도출할 수 있게 되었을 때라고 제안하는 바이다. 업무현장의 팀 프로젝트 활동에 대한 연구는(제2장) 어떤 조건이 형성되면 둘 혹은 그 이상의 머리가 분명 한 명의 머리보다 낫다는 견해를 지지한다.

언어와 인터씽킹

인터씽킹을 설명할 때 우리는 언어, 그중에서도 특히 구어spoken language에 중심적인 비중을 둔다. 이는 다른 의사소통 형식, 예컨대 그림이나 비언어적 행동을 사용하는 것에 대해 우리가 인식하지 못하고 있다는 뜻이 아니다. 그보다는 집단적으로 사고하는 데 있어 언어가 가장 중요한 형식이라고 믿는 우리의 견해를 반영한다. 앞으로 설명할 것인데, 사람들의 공동 작업에 맞도록 어떻게 다른 장르의 언어가 만들어지게 되었는지를 밝히는 언어학자들의 연구들이 있었다. 놀랍게도 인터씽킹의 도구로서 어떻게 언어가 기능하는지를 이해하는 데는 주의를 많이 기울이지 않았다. 사회심리학자들은 사회적 관계에서 언어가 핵심적인 역할을 한다는 것을 인식하고 있는데, 우리는 그 연구들을 몇 가지 측면에서 활용할 것이다. 그러나 사회심리학자들은 말 분석을 집단적으로 사고하는 과정에 대한 분석으로서 사용하고 있지 않다. 앞에서도 언급했듯 사회심리학에서 '사회 인지'라고 하는 주요 분야가 있지만(Fiedler & Bless 2001), 이것은 언어가 어떻게 집단적이고 창조적으로 문제를 해결하는지에 관한 것이 아니라 사회적 만남에서 사람들이 보이는 지각에 관한 것이다(예 : 언어나 몸짓언어의 미묘한 신호를 해석하는 것을 통해). 사회인류학, 언어학, 언어철학 내에서 언어가 어떻게 사회적 상황에서 쓰이며 사고를 표상하는 데 쓰이는지에 대해 많은 연구들이 있었다. 그러나 집단사고의 역동적인 과정에서 언어가 담당하는 역할은 이러한 주제 영역에도 포함되지 않는 것이었다. 그럼에도 불구하고 위에 언급된 모든 분야에서의 연구들은 우리가 관심사를 추구하는 데 잠재적으로 매우 유용했다. 집단사고를 위한 도구로서 언어에 초점을 맞춤으로써, 최초로 각기 다른 학문 분야의 흥미로운 개념들이 한군데 모이는 것을 보여줄 수 있기를 희망한다.

인지심리학자 스티븐 핑커는 단순히 우리가 입으로 소리를 냄으로써 사람들 각자 마음속에 새로운 개념의 통합이 일어나게 할 수 있다고 주장하였다(1994: 15). 어떤 면에서 보면 이는 논쟁의 여지가 없는 주장이다. 사람들은 서로 정보를 공유하기 위해 말을 사용한다. 그러나 면밀히 생각해보면 다른 사람이 말한 의미가 당시에는 꽤 분명해 보이지만 나중에 자신이 심각하게 오해했다는 것을 알고서 매우 당혹스러웠던 적이 누구에게나 있듯, 이는 명백한 오류다. 언어는 정보를 공유하기 위해 어느 정도는 정확하게 효과적으로 사용되지만, 개념을 한 개인의 머리에서 다른 개인에게로 정확하고 틀림없는 형태로 안전하게만 전달해주는 도구가 아니다. 사람들이 먼저 자기 생각을 형성하고 그다음에 공유하는 식으로, 각자의 개별적인 지적 성취물을 교류하는 선형적 과정으로 언어 사용을 특징짓는 것은 그릇된 설명이다. 대화 및 대화가 일어나는 문화적 사회적 맥락의 역동적인 상호영향과 상호작용을 무시하고 있기 때문이다. 당신에게 "안녕하세요?"라고 말하는 사람이 지금 의학적 면담을 시작하는 의사인지, 집 앞의 전도사인지, 혹은 당신이 끔찍하게 어려운 입사 면접을 치르고 온 걸 아는 친구인지에 따라 의미가 달라진다. "저녁 식사에 옛친구를 초대했지요."라는 말이 양들의 침묵에서 한니발 렉터가 하는 것이라면, 이는 시청자에게 매우 특별한 의미를 지닐 것이다. 단어들 조합의 의미는 듣는 사람이 이를 이해하기 위해 어떤 지식을 활용하느냐에 따라 달라진다. 그러나 이는 집단사고의 도구로서 언어가 갖는 결함을 반영하는 것이 아니라 언어의 창조적인 힘을 나타낸다.

창의적 · 집단적 사고를 추구하기 위한 '문화적 도구'로 언어의 힘은 대화할 때 청자가 동원하는 개인적 관점 및 배경지식에 따라 화자의 말을 다소 다른 방식으로 해석할 수 있는 가능성에 부분적으로 달려 있다. 20세기 초기에 활동한 러시아의 문학자 바흐친(1981)은 우리가 다른 사람의 말을 이해한다는 것은 들은 단어들을 단순히 머릿속의 사전적 정의와 짝짓는 것이 아니라고 말했다. 오히려 우리는 그것을 이해하기 위해 관련 있다고 판단되는 가용한 지식이라면 무엇이든 사용할 것이다. 그리고 그 과정에서 들은 것에 대한 우리 반응을 (비록 입 밖으로 내지 않더라도) 생성하게 된다. 다른 사람이 말하거나 글로 쓴 것에 대한 한 사람의 해석은 그가 이해하기 위해 동원한 관련 지식에 의해 영향을 받을 것이다. 대화가 연장된다면 당신과 대화 상대가 공유하는 역사를 통해 쌓인 공통의 지식에 따라 단지 단어의 피상적 의미가 아니라 더 깊은 의미를 이끌어내게 할 것이다. 언어를 이해하기 위해 청자나 독자가 가용하는 관련 지식의 출처는 시간에 따라 변할 수 있다. 전세계 대학교의 학자들은 원전을 이해하는 데 새로운 개념을 도입할 수 있기 때문에, 오래전의 철학자 및 시인, 다른 창의적 사고자thinkers 들이 구어나 문어로써 꽤 명확하게 전달한 말의 의미와 의의를 이해하고자 노력하는 것이 여전히 가치 있는 일이라고 여긴다.

그럼에도 불구하고 만약 의미를 만들어내는 언어가 핑커가 묘사한 대로 확실하게 작동한다면 집단 내에서 이해를 만들어내는 과정은 보다 좋아졌을지도 모른다. 그런데 과연 그럴까? 만약 효율적인 언어 사용이 단지 의미를 분명하게 하는 문제라면, 어째서 밥 딜런의 노래 가사처럼 의미가 불분명한 것의 가치를 높이 평가하는가? 만약 셰익스피어 작품 속 등장인물의 대사가 단 하나의 모호하지 않은 (그게 가능하다면) 의미를 전달하도록 쓰였다면 더 좋았을까? 문화적 도구로써 언어는 다른 사람의 마음에 정확한 의미를 생성하는 데 있어 항상 신뢰롭지는 않기에 종종 흥미로운 가능성을 제공한다. 오히려 말은 듣는 사람의 생각을 활성화시키는 촉매로 기능한다. 대화에서 주의 깊은 청자는 말의 의미를 이해하는 데 관련된다면 어떤 지식이라도 동원할 것이며, 그럼으로써 계속적이고 공동적인 의미 도출의 과정에 기여한다. 경험에 대해 공동의 의미를 만들어 나가는 데 있어 언어를 사용하면서 두 사람은 그들 각자가 했다면 결코 가능하지 않았을 새로운 이해를 창조해낼 수 있다. 그리고 난 후 다른 사람들이 생각해볼 수 있도록 또 말로써 표현하기를 계속해 나간다.

　우리는 모든 사고가 집단적이라거나 모든 창의적인 사고가 집단적이라고 주장하는 것이 아니다. 다만 우리는 집단적 사고가 인간 삶에 있어 상당히 흔하고 자연스러운 것임에도 불구하고, 이것이 어떻게 일어나는 것인지에 대해 설명된 바가 거의 없다는 것이 놀랍다. 심지어 집단적이든 개인적이든, 모든 사고에 있어 언어가 근간이라는 점도 제안된 적이 없다. 그러나 우리는 언어가 가장 강력한 인터씽킹을 가능케 한다고 확신한다. 공동 학습이나 문제해결은 반드시 과제의 공동 관리를 필요로 한다. 그리고 그러한 상황에서 언어는 관리의 도구로써 가장 흔하게 사용된다. 집단 작업이 효율적이기 위해서는 서로 간 활동을 조절하고 지식을 창출하기 위해 언어를 사용해야 한다. 언어는 이 목적을 달성하기 위해 특별하고 다양한 형태를 띠고 있다. 제2장에서 다루게 될 전문적인 직업에서 기술적인 담화—그들의 특별한 분야—는 기술적인 정보를 표상하는 효율적인 방법일 뿐만 아니라 어떤 공동체 구성원의 담화에서도 활용될 수 있는 사고방식을 담고 있다. 이는 언어학자 Martin(1993)이 장르(분야)를 단순히 언어의 종류가 아니라 언어에 담긴 규칙, 지배적이고 목표 지향적인 사회화 과정으로 묘사하는 이유이기도 하다. 여기서 우리의 관심사와 연관시켜 말하자면, 이것은 공동체 내 개인 구성원의 생각과 행동이 서로 통하고 조정될 수 있도록 해준다.

개인적 사고와 집단적 사고의 관계

선사시대 우리의 조상들은 생존을 위해 경쟁했던 다른 동물들과 달리 집단 활동을 일으키고 검토하고 계획하기 위해 언어를 사용할 수 있게 되었다. 또한 중요하게도 그들은 다음 세대를 복잡한 세계로 편입시키기 위해 언어를 사용했다. 이는 교육을 제도화하게 된 관습이 생겨난 이유 및 방법을 부분적으로 설명한다. 더욱이 언어는 매체이자 메시지이다. 우리는 우리의 모국어를 사용함으로써 이를 배운다. 언어는 우리에게 집단적으로든 개인적으로든, 경험을 표상하고 추론하는 방법을 제공해준다. 언어는 협동 활동을 개인의 인지와 연결시킨다. 사람들이 집단적으로 사고할 수 있는 한편, 그러한 집단 활동은 또한 개인의 사고 과정 및 발달에 영향을 미치게 된다. 20세기 초 바흐친과 동시대를 살았던 러시아 심리학자 비고츠키는 그러한 과정에서 언어의 기능을 인정하는 인지 발달 이론을 최초로 제시한 학자 중 한 명이다(Vygotsky 1962, 1978). 그에 따르면 아동 사고의 발달은 언어를 주요 중재원으로 하여 정신간intermental 활동(사회적 상호작용)과 정신내intramental 활동(개인적 사고)의 역동적 관계에 의해 형성된다. 우리는 그 관계에 의존하는 것이 단지 인지 발달만이 아니라고 제안한다. 인간의 사고가 일반적으로 갖는 고유의 특성은 우리가 집단이자 개인적으로 사고하는 능력에서 드러나며, 이 두 가지 형식의 사고는 보완적으로 작동한다.

개인적 및 집단적 사고의 관계를 설명하기 위해서는 인지와 학습에 관한 개인주의적 이론 이상의 것이 분명히 필요하다. 기존 개념들이 이를 설명하는 데 유용할 것이다. 한 가지는 '마음 이론'으로서 앞서 소개한 바 있다. 다른 두 가지는 '메타인지metacognotion'와 '상호 조절co-regulation'이다.

'마음 이론'은 다른 사람의 정서 상태를 가늠하거나 다른 사람에게 사회적 영향력을 행사하게 해주는 것만이 아니다. 마음 이론은 타인과 내가 서로 공유하는 '공통 지식'이 무엇인지를 가늠하고, 우리 자신이나 특정 주제 및 과제와 관련하여 이해도나 숙련도를 진단하도록 한다. 공통 지식은 대화 참가자들이 의사소통을 위해 생성하는 동시에 의존하게 되는 역동적이고 누적되는 자원이다(Edwards & Mercer 1987/2012). 다른 종에서는 불가능한 방식인데, 인간은 언어를 참가자들 간에 상대적으로 다른 지식 및 이해의 정도를 설명하고, 그에 맞추어 교육이나 다른 영역에서 활동을 진행하는 데 사용할 수 있다. 다른 사람이 무엇을 생각하고 알고 있는지를 평가하는 마음 이론과 우리 자신의 사고 과정에 대해 숙고하는 메타인지, 두 가지 모두 관련되어 있다. 그 두 가지는 또한 우리가 계획하고 실행에 옮기며, 고찰을 거쳐 다시 계획하는 실용적인 순환 과정을 가능하게 하여, 문제를 해결하고 지식을 공유하며 새로운 공동 이해를 산출할 수 있도록 해준다.

　세 번째 유용한 개념은 '상호 조절'로, 제4장 및 제5장에서 보다 자세히 다룰 것이다. 상호 조절은 어린 아동이 사회적 환경에서 어떻게 스스로 활동을 계획하고 관리하는 방법을 습득하는지에 관한 연구에서 비롯되었다(Volet, Summers, & Thurman 2009, Mercer & Littleton 2007). 그러나 이것이 아동 활동에 국한되어야 할 이유는 없다. 비고츠키는 어른에 의해 조절되는 정신간intermental 경험은 아동이 스스로의 행동에 대한 정신내intramental 조절을 할 수 있는 기반이 된다고 제안한 바 있다. 마찬가지로 사회적 행동이 어른에 의해 조절되는 방식은 아동이 그룹 활동을 할 때 집단에서의 행동을 조절하는 법을 배우도록 돕는다. 이는 아동이 어른에 의해 지도감독되지 않는 놀이와 같은 활동에서 두드러진다. 이와 같은 자율놀이의 상황에서는 혼란이 야기되기보다 다른 어떤 종류의 질서가 형성되는데, 아이들끼리 하는 게임을 살펴보면 외부조절에서 내부조절로 이동하는 것을 관찰할 수 있다. 학교상황놀이도 5세에서 8세 사이의 아동들에게 인기가 있는데, 아동들 중 한 명은 조절을 담당하는 교사 역할을 맡고, 종종 장난꾸러기를 포함하여 다른 아이들은 학생 역할을 맡는다(보통 장난꾸러기; Elbers 1994). 연령이 올라갈수록 아동은 자기들의 놀이에 새로운 게임과 규칙을 개발해 가며 집단적 창의력을 발휘하게 된다. 이렇게 아동은 (어른 보호자의 조절이 아닌) 스스로의 내부조절을 통하여 집단적 행동을 통제, 조절 및 성찰을 기반으로 한 평가를 거쳐 본인의 행동을 책임지는 법을 배워 나간다. 이후 장에서 보듯이 얼마나 효율적으로 상호사고적 활동을 공동 조절할 수 있었는가 하는 점은 이후 아동이 노력한 결실의 질에 영향을 미친다.

이 책의 후반부에서 알 수 있듯이 상호사고를 기반으로 한 행동을 공동 조절할 때 성인 조절자의 역할 및 능력에 따라 아동의 공동수행의 결과가 질적으로 상이함을 확인할 수 있을 것이다.

상호사고에 대한 이해 및 설명

앞에서 언급하였듯이 학습과 문제해결에 대한 심리학적 이론 및 설명은 전통적으로 개인사고에 초점이 맞춰졌으며, 이것이 어떻게 집단적으로 일어나는지에 대해서는 별로 관심을 받지 못했다. 따라서 상호사고를 이해하는 데 유용한 개념들을 일관성 있게 설명할 수 있는 틀이 필요하다. 이들은 인간 사고의 문화적·사회적 기반을 설명할 수 있어야 하며, 언어 사용을 사회적 의사소통의 수단(문화적 도구)으로서뿐만 아니라 개인적으로 사고하는 수단(인지적 도구)으로서도 설명할 수 있어야 한다. 그러한 설명적 틀을 위한 적당한 후보로 비고츠키의 업적에 기반한 **사회문화적 이론**sociocultural theory이 있다. 문화와 사회적 상호작용, 언어와 아동의 인지 발달 간의 관계에 대한 그의 주장들은 이런 개념들의 후속 연구들이 생겨난 20세기 중후반 이전까지는 실증적으로 구체화되지 않았었다. 이전 저서(Mercer & Littleton 2007)에서 설명하였듯이, 최근의 연구들에서 비고츠키가 처음 제안하였던 사고 발달에 대한 사회문화적 설명을 지지하는 근거들이 발견되고 있다.

사회문화적 이론은 보다 거창하게는 **문화적-역사적 활동 이론**cultural-historical activity theory, CHAT으로 알려져 있는데, 아직 하나의 명칭으로 통일되지 않은 점(Daniels 2001, 2008에서 설명되었듯이)은 어떤 하나의 권위적인 설명이 존재하지 않는다는 점을 반영한다. 더욱이 이는 인지 발달 및 학습에 주로 초점이 맞춰진 이론으로, 언어를 활용하여 문제해결 방법을 함께 창의적으로 찾기 위한 것이 아니었다. 우리의 목적은 집단적 사고에 대해 사회문화적 설명을 전반적으로 제공하는 것이며, 이 책이 적어도 기본적인 밑그림을 제시할 수 있기를 바란다. 우리 노력의 결실은 제5장에서 제시할 것이다.

집단사고로써의 대화 분석

사람들이 함께 생각하기 위해 어떻게 대화를 활용하는가를 이해하기 위해 우리가 사용하는 방법은 사회문화적 담화 분석sociocultural discourse analysis, SCDA이라고 부르며, 이 책에서 인용된 다른 연구자들의 작업들도 같은, 혹은 비슷한 접근을 취하고 있다. 우리는 동료들과 함께 약 20년간 일련의 연구들을 통해 SCDA를 개발하였으며, 꽤 방대하게 보고한 바 있다(Mercer 2004; Mercer, Littleton, & Wegerif 2004; Mercer & Littleton 2007). 그러나 이 책의 독자가 우리의 이전 책들을 읽었을 것이라 가정할 수 없기에 대화 분석을 명확하고 이해 가능하도록, 집단사고로써의 대화를 분석하는 것과 관련하여 중요한 개념들을 여기서 설명하고 이러한 접근에 대한 역사를 간략하게 덧붙이고자 한다. 이 책은 연구 방법론에 대한 것이 아니므로 여기서나 이후 다른 장에서나 분석적 방법에 대해 그리 상세하게 들어가지 않을 것이다. 보다 자세히 알기를 원하는 독자는 'Thinking Together' 웹사이트(http://thinkingtogether.educ.cam.ac.uk)에서 관련 출판물 및 자료들을 찾을 수 있을 것이다.

'담화 분석discourse analysis'이라는 용어는 (구어 및 문어) 언어를 분석하는 몇 가지의 꽤 다른 접근들을 지칭할 수 있다. 언어학에서의 담화 분석은 사용되는 언어의 구성 및 기능에 초점이 맞춰져 있는데, 대화뿐만 아니라 1인칭 시점의 텍스트를 연구하는 데도 적용될 수 있다. 사회학, 심리학, 인류학, 그리고 교육학적 연구에서의 담화 분석은 대개 사회적 맥락에서 말을 분석하는 것을 지칭한다. 사회학에서 '담화'는 특정 대화라기보다 어떤 주제와 연관된 일반적이고 사회적인 분위기를 지칭하기도 한다. 우리가 취한 분석적 접근은 이런 여러 학문의 언어 관련 연구의 영향을 토대로 언어학자들의 연구에서 정보를 얻은 것이지만, 본 분석법만의 고유한 특징을 갖고 있다.

우리가 하는 대화 분석은 말이 어떻게 사고의 사회적 양식으로 사용되는 가로 교수-학습법, 지식 습득, 아이디어 생성, 이해 공유 및 문제해결을 협력적으로 하기 위한 도구로서의 언어 기능에 초점을 맞춘 것이 우리 분석법의 특징이다. 특히 지적 활동의 한 형태로서 대화에 접근한다는 점으로 볼 때 SCDA는 '언어적' 담론 분석과 다르다. 언어의 구성 및 구조에 덜 초점이 맞춰 있는 대신 말의 내용, 즉 언어가 공동의 지적 활동을 추구하는 데 어떻게 기여하는지, 시간의 흐름과 사회적 맥락에서 공유된 이해가 어떻게 발달하는지가 분석의 중심에 있기 때문이다. 언어학적 분석과 마찬가지로 SCDA도 어휘 내용 및 대화의 통합적 구조를 다루기도 하는데, 이때 특히 각 화자의 대화 기여도를 중요시한다. 대화에 쓰이는 단어 선택 및 결합 형태가 공동의 산물joint construction로서 지식이 형성되는 과정을 설명하는 데 유용하기 때문이다. 조직 및 문화적 맥락에서의 대화 방식/흐름에 대한 민감도는 SCDA의 핵심인데, 대화 참여자/구성원의 말이나 행동에 영향을 준 지식이 무엇인지 알려주기 때문이다. 이러한 점에 있어 SCDA는 '대화 분석conversation analysis'과도 다르다(Drew & Heritage 1922의 연구 및 Schegloff 1977 참조). 화자가 직접적으로 표현하지 않은 지식 및 대화의 사회문화적 맥락 또한 SCDA에 부합하는 관심사이기 때문이다.

더 나아가 우리의 사회문화적 분석은 공동 인지 작업joint cognitive engagement 의 과정뿐만 아니라 그 과정의 전개 및 학습 결과도 중시한다는 점에

서 담화심리학discursive psychology에 기반을 둔 분석과도 다르다. Edwards와
Potter(1992)는 이런 차이의 적절한 예시로, 대화의 흐름만이 분석의 대상이
자, 언어적 참여관찰법linguistic ethnography과 대화 분석법에서 흔히 볼 수 있듯
이 분석에 대한 보고는 기록된 대화에서 추출한 사례를 중심으로 주석 및
해석을 발표하는 형태를 들었다. 하지만 SCDA 또한 대화 분석에 있어서
(Wegerif & Mercer 1997에서 최초로 논의했듯이) 양적 및 질적 방법을 모두
활용한 주석법을 이용하기도 한다는 점은 짚고 넘어가자. 특정한 과제를 놓
고 그룹 구성원들의 상호작용이 두드러지는 특정 에피소드를 면밀히 분석
한다는 점은 질적 연구의 활용으로, 어떻게 그룹 구성원들이 지식과 이해를
생성 및 도출해 나가는지를 파악할 수 있게 한다. 양적 연구의 부분은 컴퓨
터 기반 분석기법computer-based methods을 활용하는 점인데, 예를 들면 특정
단어 사용의 빈도와 같은 대화의 특정 영역이 시간의 흐름에 따라 어떻게
달라지는지를 살펴보는 데 유용하다. 또한 양적 통계 기법으로 아동이 그룹
활동에 참여할 때 그룹의 학습 성과 및 문제해결 결과를 평가한 후, 이를 그
룹 대화의 분석과 연계하여 고찰해보기도 하였다. 하지만 이와 관련된 연구
결과는 이 책에서 심도 있게 다루지는 않았다.

양적 및 질적 방법을 통합하여 사용함으로써 어떤 특정한 상황에서의 대
화에 대한 상세한 분석과 대표적인 담화 사례들의 예시 간의 비교 분석을
통합할 수 있었다. 이 후자의 비교 분석 방법을 사용하려면 마치 수십 시간
분량의 전사된 대화와 같이 많은 말뭉치language corpus를 꽤 쉽고 빠르게 다
룰 수 있어야 한다. 그렇기에 우리는 질적·해석적 방법에 코퍼스 언어학
corpus linguistics에서 텍스트 분석을 위해 개발된 컴퓨터를 사용한 분석 기법을
통합하였다. 용어 색인 Concordance 소프트웨어는 어떤 텍스트 파일이라도
쉽게 스캔하여 특정한 단어들을 모두 찾아내는데 Mononconc, Wordsmith,
Conc 1.71이 흔히 쓰이는 제품이다. NVivo 같은 최신 버전의 질적 데이터
분석 패키지도 유사한 서비스를 제공하고 있다. 이와 같은 분석의 예시는

제4장에, 분석으로 도출된 결과는 제5장에 실었다. SCDA를 통해 교실에서 이루어지는 대화의 고유한 특성 및 다른 상황에 적용했을 때의 교육적 의의를 탐색할 수 있는데, 이에 대한 초기의 연구를 다음 절에서 다루었다.

그룹 대화의 속성 : 대화의 세 가지 유형

1980년대에 SLANT^{Spoken Language and New Technology}(구어와 신기술)라는 초등학교에서 짝이나 그룹으로 컴퓨터 작업을 하며 아동이 서로 어떻게 대화하는지를 연구하는 첫 번째 연구 프로젝트가 시작되었는데, 우리 중 한 명인 머서가 이때부터 가담하였다. 이때만 해도 교실에 '신기술'이 도입된 초창기로서, 학생을 그룹지어 앉도록 하고 과학, 수학, 역사 등의 수업에 컴퓨터를 활용해 교육한다는 야심찬 기대 만큼이나 컴퓨터 시설이 열악했던 때였다. 또한 이 책을 쓰는 지금과 마찬가지로 그때도 영국 정부는 '기초부터 다시^{back to basics}'라는 교육정책을 표방했던 때로서, 그룹 활동을 시간 낭비라 여기며, 선생님이 수업을 설명하고 학생들은 얌전히 수업을 듣는 이전의 정규 교육의 필요성을 주장했다. SLANT 연구팀은 정부의 교육 신조에 확신이 없었기에 아동이 그룹 활동에서의 대화를 관찰, 묘사 및 분석하는 작업이 협력적 활동 학습의 교육적 성과를 말할 수 있게 해줄 수 있지 않을까 하는 기대를 가지고 연구에 착수하였다.

수십 시간에 이르는 아동의 그룹 대화와 그룹 활동 녹화를 관찰 및 분석한 결과가 실상 교육적 관점에서 볼 때 시간 낭비와 다름없다는 것을 인정해야만 했을 때 우리의 실망감이 상상이나 되는가? 학생들은 딴짓을 하고, 서로를 무시하고 비방했으며, 같이 수행하기보다 각각 수행하고 깔보거나 기싸움을 하며 비생산적으로 논쟁하는 장면이 가득하였다. 일부 관련 정보를 공유하고 상냥하게 대화를 이어가는 식의 좀 더 협조적으로 행동하는 그룹도 보이긴 했으나, 여전히 서로를 배려하거나 협력적으로 과제를 해결해

나가는 모습과는 거리가 멀었다. 결과는 참담했다. 적어도 이 문제에 대해서는 정부에 대한 비판자가 아닌 지지자가 되어야 할 판이었다. 바로 그때 넘쳐나는 관찰 자료 중 숨통이 트일 만한 꽤나 확신을 주는 것들이 보이기 시작했다. 몇몇 그룹의 아이들이 소위 '함께 생각하기thinking together'를 하고 있음을 보여주는 증거들이 눈에 띈 것이다. 이런 그룹의 아이들은 서로에 대한 신뢰를 바탕으로 그룹이 와해되지 않는 적정선에서 상대방의 생각을 비판하고 합의에 도달하고자 노력하는 모습을 보였다. 아이들은 주어진 과제에 대해 뭔가 유용한 것을 얻어가는 것으로 그룹 대화를 마치는 것 같았다. 하지만 문제가 여전히 남아 있었다. 이런 귀중한 협동 활동의 모습은 매우 드문 케이스였고, 따라서 그룹 활동이 생산적이지 않을 때가 많다는 염려가 정당화되기 때문이다. 우리가 내린 결론은 학교에서 아이들이 어렸을 때 떼창을 하며 부르는 다음과 같은 동요 구절을 연상시켰다. "교실에서 그룹 활동이 좋을 땐 좋지. 매우 좋지. 교실에서 그룹 활동이 나쁠 땐 나쁘지. 완전 끔찍하지." 우리는 우리가 관찰한 여러 종류의 대화를 보다 면밀하게 조사하고, 각 대화가 생성되는 조건들을 찾아내서 가장 생산적인 대화를 극대화할 수 있는 방법을 알아내는 작업에 착수하였다. 이 책이 보여주듯 우리들은 (우리의 동료 몇 명이 참여하여) 여전히 이 작업에 임하고 있다.

수 시간에 이르는 비디오 분석 및 토론 끝에 SLANT 연구팀은 Dawes, Fishero, Mercer(1992)의 최초 보고에서 볼 수 있듯이 마침내 그룹 대화를 분류하는 데 유용한 다음과 같은 대표적인 세 가지 유형을 고안하는 합의점을 끌어냈다.

1. **논쟁 대화**disputational talk에서는
   - 많은 의견이 불일치하며 모두가 각자 결정을 내린다.
   - 자원을 모으거나 건설적인 비평을 하려는 시도가 별로 없다.
   - "맞아, 이거야! 그건 아니지!" 같은 종류의 상호작용이 자주 일어난다.

- 협동보다 경쟁하는 분위기이다.

2. 누적 대화cumulative talk에서는

- 모두가 다른 사람이 말한 것을 그저 받아들이고 동의한다.
- 아동은 지식을 공유하기 위해 말을 사용하지만 대화가 비판적이지 않다.
- 다른 사람의 생각을 반복하거나 더 발전시키지만 주의 깊은 평가가 수반되지 않는다.

3. 탐구 대화exploratory talk에서는

- 모두가 다른 사람의 생각에 대해 건설적으로 비판한다.
- 모두가 자신이 가진 관련 지식을 제공한다.
- 모두의 생각을 고려해볼 가치가 있는 것으로 대한다.
- 질문과 답이 오가며, 이때 서로 이유를 묻고 근거를 제공한다.
- 각 단계에서 다음으로 넘어가기 전에 그룹 구성원들끼리의 합의에 도달하고자 노력한다.
- 그룹 대화 관찰 시 대화를 통해 추론하고 있음이 명확히 보인다.

우리가 관찰한 대부분의 대화는 처음의 두 가지, 논쟁 유형이나 누적 유형과 비슷했으며, 세 번째 유형이 아니었다. 그러나 세 번째 유형 탐구 대화야말로 가장 교육적인 효과를 나타내는 것으로 판단되었다. 이 탐구 대화라는 명칭은 우리가 가장 존경하는 교실언어 연구자 더글러스 반즈의 연구에 기반한 것이다. 반즈는 중고등학생이 교실에서 공개적으로 자기 생각을 발표해야 하는 압박에서 자유로울 때 학생들이 그룹을 지어 '생각을 소리 내기thought aloud'를 하는 것을 발견했다(Barnes 1976/1992). 그리고 우리는 이 이론을 발전시켜 말의 상호적인 특성을 더 강조하여 '탐구 대화'라는 명칭을 붙였다.

영국의 우리 팀만이 교육적으로 가장 생산적인 형태의 그룹 대화를 밝히는 데 관심을 기울인 것은 아니었다. 미국의 로렌 레스닉과 동료들(Resnick 1999; Wolf, Crosson, & Resnick 2006)은 독자적인 연구를 통하여 '설명적 대화accountable talk'라는 토론의 종류를 밝혔다. '설명 대화'의 내용은 우리가 탐구 대화를 정의하는 특징들과 매우 유사하다.

> 수업 중 학습을 촉진시키는 대화에는 '설명력 있는' 어떤 특징이 있다. 설명 대화가 일어나는 대화에서는 다른 사람이 한 말에 진지하게 반응하고, 더 나아가 발달시킨다. 토론 중인 주제와 관련되며 정확한 지식을 제공하고, 또한 요구한다. 설명 대화에서는 관련 학문에 부합하는 근거를 활용하는데, 예를 들면 수학에서는 증명을, 과학에서는 연구로부터 도출된 자료를, 문학에서는 상세한 텍스트를, 역사에서는 기록 문헌을 설명의 근거로 삼는다. 마지막으로 설명 대화는 적절한 추론을 통한 일정한 규범을 따르며, 지식을 적절하게 사용할 수 있도록 사고력을 강화함으로써 실용적인 지능intelligence-in-practice을 구성하는 기술 및 습관이 발달하도록 돕는다.
>
> (Resnick 1999: 5)

어떻게 사람들이 함께 효과적으로 사고할 수 있는가는 탐구 대화 및 설명 대화의 가장 핵심적인 내용이다. 단 누적 대화도 그룹이 의견을 도출하는 데 유용할 수 있는데, 이 책의 후반부에 제시될 것이다. 그러나 논쟁 대화는 상당히 자주 관찰되지만, 이점이 거의 없어 보인다(아마도 토론의 열기가 너무 달아 올라서 '증기를 빼기' 위해서일 때 말고는).

세 가지 종류의 대화가 지닌 특징적 상호작용을 설명하기 위해 교실 자료의 예시를 살펴보자. SLANT 자료로부터 발췌한 자료 1.1은 논쟁 대화의 정의에 부합하는 전형적인 예시이다. 여기서 2인 1조의 소년 두 명은 컴퓨터로 코끼리가 숨어 있는 좌표를 찾아 바둑판형 뉴욕 지도에서 지정해야 하는 퍼즐을 하고 있다. 이 퍼즐은 Smile Mathematics에서 개발된 수학 소프트웨어의 일부이다.

발췌문 1.1 논쟁 대화

레스터 : 내가 할 수 있어.

셰인　 : (여전히 스크린을 뚫어져라 보며) 아냐, 위 말고 아래.

레스터 : 그럴 리 없어.

셰인　 : 있어.

레스터 : 어딨는지 알겠다. (셰인에게 차례가 돌아왔지만, 코끼리를 찾는 데 실패한다.)

셰인　 : 거기에 없다고 말했잖아. (자기 차례에 해보지만 실패한다.)

레스터 : 크크크크 (고소해하며 웃는다.)

레스터 : 방금 한 게 뭐였더라? 아, 몰라. (혼자 중얼거린다.)

셰인　 : 1, 2, 3, 4, 5, 6. (혼잣말로 바둑판을 센다.)

레스터 : 어딨는지 알겠다.

셰인　 : 내가 가장 가까워.

레스터 : (바둑판을 센다.) 1, 2, 3, 4, 5, 6, 7, 8.

셰인　 : 5, 내 것이 제일 가까워.

레스터 : 그렇다면 분명 1 아니면 8에 있어.

셰인　 : 2, 8.

레스터 : 오, 네 맘대로 해라.

두 학생은 과제를 수행하면서 많은 대화를 하지만, 셰인의 두 번째 코멘트
인 '아냐, 위 말고 아래.' 말고는 대화가 전혀 공동의 목표를 향하고 있는 것
처럼 보이지 않는다. 대화는 단지 각자의 '생각 크게 말하기thinking out loud'에
불과하며, 상호작용이 일어날 때는 주로 본인의 주장을 관철시키는 식의 대
화에서 그친다.

　발췌문 1.2에서는 2명의 10세 소녀가 가상의 상황을 가정하여 한 명이 다
른 친구에게 힘을 행사하여 돈을 갈취하는 상황의 대화를 만들고 있다. 생각
을 공유하고 대사를 만들어 가는 과정에서 상대에게 도전이 되는 말이나 근

거를 바탕으로 하는 말은 찾아볼 수 없는데, 따라서 누적 대화로 볼 수 있다.

발췌문 1.2 누적 대화

샐리 : 그래. 그녀가 음… 음… "괜찮아, 응."이라고 말하는 게 어때? 아냐,
그냥 "응, 괜찮아."라고 하자. 아냐, 아니다.

엠마 : (웃음) 아냐. "음, 내 생각에는 내가…"

샐리 : "…15펜스 줄 수 있어." 어때?

엠마 : 그래.

샐리 : "내 생각에는…"

엠마 : "내 생각에 50펜스 줄 수 있어."

샐리 : "50?"

엠마 : 그래. "50펜스 줘."

샐리 : "50펜스."

엠마 : "50펜스." 그리고 안젤라가 말해. "그건 다른 것도 사기엔 부족해."

샐리 : 응, 맞아 맞아. "난 마실 거, 그러니까 콜라도 사야겠어."

엠마 : "그건 풍선껌이랑 콜라를 사기엔 부족해."

샐리 : 그래, 그래.

발췌문 1.3은 탐구 대화의 정의를 내릴 수 있게 해주었던 상호작용의 예시이다. 3명의 11세 아동이 컴퓨터 소프트웨어를 이용하여 바이킹과 관련된 과제를 수행하고 있다. 바이킹 악당 무리의 역할을 맡아 영국 해안을 습격할 계획인데 행동을 개시하기 위해 사용 가능한 정보를 이용하여 몇 개의 해안 중 하나를 골라야 한다.

발췌문 1.3 탐구 대화

다이아나 : 같이 얘기하자. 우리가 어딜 골라야 할까?

모두 : (발췌불가-설명서 읽고 있음)

피터   : 1, 2, 3이나 4. (가능한 보기의 숫자를 큰 소리로 읽음) 글쎄, 우리가 돈을 더 가져갈 가능성은 없어. 왜냐면…

에이드리안 : 그리고 여기 수도원이 있어.

다이아나   : 그리고 2번을 고르면 거기엔(발췌불가)

피터   : 그래, 하지만 막사엔 경비가 있을걸.

모두   : 맞아.

에이드리안 : 그래, 분명 경비가 있을 거야.

다이아나   : 여긴 나무로 둘러싸여 있어.

피터   : 응.

에이드리안 : 그리고 우리를 막아줄 바위가 있어.

피터   : 맞네. 거기엔 바위가 있네. 그래서 내 생각엔, 내 생각엔 1번이야.

에이드리안 : 왜냐하면 수도원엔 경비가 없을 테니까.

아이아나   : 그래, 1번.

에이드리안 : 1, 좋아.

피터   : 그런데 2는 어때? 거기도 경비가 없을지 몰라. 막사가 있다고 꼭 보초가 있을 거라는 법은 없잖아. 그렇지 않아? 어떻게 생각해?

다이아나   : 그래, 꼭 그럴 거란 법은 없지. 여기에 경비가 없을 거라 단정할 순 없겠네. 그렇지만 경비가 있을 수도 있으니 내 생각에 1번을 골라야 해. 여긴 경비가 없을 거란 확신이 들어.

에이드리안 : 좋아.

피터   : 오케이. 그래, 1번. (키보드로 1번을 누른다.)

발췌문 1.3에서 3명의 소년은 단연코 인터씽킹을 하고 있다. 그들은 관련된 정보를 공유하여 이에 대한 추론을 하고 있다. 타인의 아이디어에 질문을 하되, 본인이 우위를 차지하기 위해서가 아닌 공동의 목표를 달성하기 위해서 모두가 참여하여 공동의 합의에 도달한 것으로 보인다.

대화의 세 가지 유형은 관찰된 모든 담화를 셋 중 하나의 카테고리에 깔끔하게 부합하도록 만든 분류가 아니다. 방대한 데이터베이스에는 보다 모호한 예시들이 있지만 각 대화 유형의 핵심적 특성을 잘 전달하는 세 가지 발췌문을 의도적으로 골랐다. 사실 말이란 복잡한 표현으로 깔끔한 분류화에는 어울리지 않는다(비록 말을 분석하기 위해 상호 배타적인 분류체계로 깔끔하게 코딩하려는 학자들의 고군분투는 계속되겠지만 말이다). 유형 분류체계는 오히려 체험을 기반으로 한 도구에 가까운데 나무를 통해 숲을 보는 방식을 취한다. 그렇지 않으면 엉망진창 얽힌 우거진 숲에 불과힐 뿐이기 때문이다. 그룹 대화의 기능적 다양성을 보다 잘 설명하는 유형학을 만들 수도 있을 것이다. 하지만 누군가가 그런 식으로 한 번 분류체계를 정립하면 분류의 수는 무한정 확장될 것이고, 세 가지로 특징짓는 깔끔한 설명력은 잃게 된다.

대화 분석의 기본으로 이 세 가지 유형을 삼는 접근은 교실에서의 대화를 이해하는 데 유용하였을 뿐 아니라 교육현장 밖에서 일어나는 다양한 대화를 이해하는 데도 유용함을 확인할 수 있었다. 많은 독자들은 분명 회의나 스태프 미팅, 프로젝트 팀 토론 등의 자리에 앉아 보았을 것이다. 아마도 경험상 논쟁 대화가 다반사이고 간혹 누적 대화가 있었겠지만 탐구 대화가 일어난 적은 매우 드물었을 것이다. 아마 TV에서 영국의회의 토론을 접하게 된다면, 격식 있고 교양 있는 세련된 언변 능력으로 상당히 비생산적인 대화가 오고 가는 것을 볼 수 있는데, 이는 논쟁 대화의 예이자 탐구 대화의 근거를 토대로 한 추론을 거의 찾아볼 수 없는 사례라고 할 수 있다.

대화의 기본 원칙

어떻게 그리고 왜 다른 종류의 대화가 집단에서 생성되는지를 이해하기 위해서는 사회적 규범이 사람의 행동을 형성하는 방식을 탐색해야 한다. 모든 사회적 관행과 마찬가지로 대화의 세 가지 유형은 '사회적 뇌'의 산물이다. 이는 목표한 일의 달성을 위해 어떤 상호작용이 필요한지에 관한 사회적 규범이나 규칙들을 규정할 수 있기 때문이다.

인간은 상당히 복잡한 사회적 행동을 조직화하여 수행할 수 있는데, 이러한 규범의 명칭으로 스포츠에서 주로 쓰는 용어를 빌려 '기본 원칙'이라고 하였는데, '대화의 기본 원칙'이라는 개념은 언어심리학자 데릭 에드워즈의 연구로부터 시작되었다(Edwards & Mercer 1987/2012). 세상사 어떤 일도 친숙하면서도 독특한 일정 패턴을 가진 대화를 생성해내는 게 대화의 기본 원칙인데, 심지어 대화 참여자들이 이러한 규칙이 작동한다는 것을 의식하지 못할 때도 이 규칙은 적용된다. 예를 들면 강의나 토론, 의사와 환자의 면담, 입사 면담, 첫 데이트에서의 대화 등은 전부 각각 특정한, 그러나 익숙한 대화 규칙들을 토대로 진행된다. 한 예로 강의를 듣는 학생의 기본 원칙에는 이런 것들이 있다.

- 교수님이 말씀하실 때는 대화를 (큰 소리로) 하지 않는다.
- 질문이 있으면 손을 든다.
- 질문을 하거나 발표를 할 때는 요점만 간략하게 말한다.

어떤 사회 문화에서든 사회적 맥락에서 일반적으로 흔하게 일어나는 일에 대해서는 기본 원칙이 존재하기 마련이다. 그러나 이는 특정 종류의 일에는 항상 한 종류의 규칙만이 적용되어야 한다거나, 흔하게 적용되는 규범이 곧 목표달성을 위한 최고의 규범이라는 의미는 아니다. 강의에 대한 기본 원칙이 바뀌어야 학생의 이해 및 학습 결과가 향상될 수 있고, 이때 비로소 학생들은 수업에서 능동적인 역할을 맡을 수 있게 된다. 아마도 최소한 학생이 교수와 토론식 대화를 할 수 있게 될 것이다. 강의시간에 생동감을 더하고자 하는 교수는 수업시간의 기본 원칙을 대대적으로 변경해야 할 것이다. 그러나 그룹 기반의 기존 대화 원칙을 깨는 것은 쉬운 일이 아니다.

참가자들이 따라야 할 규칙이 명확하게 인식되어야 하며, 기존과 다른 규칙이 적용될 것이라는 데 어느 정도 합의가 이루어져야 한다. 다수를 대상으로 하는 활동에 창의성과 생산성을 더하기 위해서는 적용되고 있는 기본 원칙을 수정한 후 검토할 필요가 있음을 이 책은 보여줄 것이다.

분석의 세 가지 수준

협동 활동을 할 때 실질적으로 오고 가는 대화를 기술하고 평가하기 위해 대화의 모델들을 통합하여 만든 분석(법)은 세 가지 '수준'에서 이루어진다. 여기서 '수준'이란 용어는 사진학에서 '초점의 깊이'라고 하는 것과 유사한 의미를 지닌다. 첫 번째 수준은 언어적이다. 대화를 구어 텍스트로서 검토하는 작업이다. 참가자들이 어떤 종류의 발화 행위를 수행하고 있는가? 주장인가, 도전인가, 설명인가, 아니면 요청인가? 참가자들 사이에는 어떤 종류의 교환이 일어나는가? 화자는 어떻게 자신의 대화를 이어 나가고 있는가? 상대의 말에 반응하고 응답하는가? 또한 대화가 어떤 주제로 흘러가고 그 주제가 누군가의 아이디어를 다른 참가자(들)이 캐치해서 논의로까지 대화 내내 이어지는지, 아니면 물에 가라앉고 있는 바위처럼 대화의 흐름도 다운되고 있는지 고려된다. 이 분석 수준에서는 주장과 반박이 주를 이루는 논쟁 대화가 다분히 관찰되며, 반복이나 정교화가 특징인 누적 대화는 별로 나타나지 않을 것이다. 반면 탐구 대화는 명료화를 위한 도전과 질의가 설명과 정당화를 바탕으로 하는 응답들과 결합되는 모습이 전형적으로 나타난다.

두 번째 수준은 심리적이다. 공동사고 및 행위로서의 말을 분석하는 작업을 일컫는다. 화자들이 상호작용하는 방식이나 토론 주제, 그리고 제기하는 문제들은 그들의 흥미 및 관심사를 어떻게 표출하는가? 추론이 말을 통해 얼마나 분명하고도 공동적으로 추구되는가? 화자들이 보이는 의사소통의 관계를 대화 유형에 따라 유형별로 정형화할 수도 있을 것이다. 예를 들어 논쟁 대화에서 관계는 경쟁적이다. 생각은 공유되기보다 주장되며, 의견 차이를 해결하려 하기보다 부각시키고 전반적인 흐름이 경쟁적이고 방어적이다. 누적 대화는 최상의 성과를 내기보다 연대 및 신뢰를 유지하기 위한 암묵적 관심을 중점으로 이루어지기 때문에, 상대방의 생각과 의견을 계속 반복하고 수긍하는 특징을 보인다. 탐구 대화는 모든 참가자가 의견을 서로 묻고 고려하며, 제안을 할 때는 분명히 명시하되 확실하게 평가하며, 집단 내에서 명백한 합의를 통해 의사결정을 내리고 행동한다. 누적 및 탐구 대화 모두 합의 도출에 목표를 둔 것으로 보이는 반면, 논쟁 대화는 그렇지 않다. 많은 상호작용이 오고 가는 것 같지만 논쟁 대화에서 추론은 매우 개인적이고 암묵적이다. 이에 비해 누적 대화에서 생각과 정보는 명백히 공유되며 공동의 의사결정에 도달할 가능성이 있다. 그러나 지식을 쌓아 가는 과정에서 서로 도전하거나 건설적으로 갈등을 겪는 모습은 찾아보기 어렵다. 탐구 대화에서는 생각의 공개적 공유와 갈등이라는 두 가지 요소가 모두 결합되어, 대화를 통한 논리적 합의의 추구가 훨씬 쉽게 관찰된다.

분석의 세 번째 수준은 **문화적**이다. 이는 어떤 사건들 속에서 대화가 일어나는 배경상황에 대한 고려, 화자들이 따르고 있는 대화의 기본 원칙에는 어떤 것인지(예 : 모두 참여하는지, 아니면 누군가의 주도하에 대화가 진행되는지), 그리고 이러한 상황이 벌어지고 있는 조직 및 그러한 조직 문화에서 높이 평가하고 장려하는 종류의 추론은 무엇인지 등을 고려한다. 이 수준에는 탐구 대화의 집단적 추론을 위한 문화적 도구로서의 모습을 볼 수 있다. 즉, 설명적일 것, 명확할 것, 건설적으로 비판하고 타당한 제안을 받아들일 줄 알 것과 같이 많은 사회에서 상당히 가치 있게 평가받는 대화의 기본 원칙들을 확인할 수 있다. 우리 사회의 많은 핵심 조직들, 예컨대 법이나 행정, 과학 연구나 예술, 비즈니스 협상과 관련된 기관들에서 사람들은 말을 사용해야만 한다. 대화를 통해 다른 사람이 제기한 주장 및 가설, 제안의 타당성을 검토하고, 자신이 이해한 바를 분명히 표현하며 합의에 도달하고 공동의 의사를 결정한다. 이런 일이 일상인 환경에서라면 탐구 대화가 흔할 것이라고 예상할지도 모르겠으나 우리는 모두 탐구 대화 같은 개방적이고 민주적이며 자유로운 논의가 항상 가능하지 않다는 것을 잘 알고 있다. 이는 기존의 관행이나 암암리에 이미 이루어진 합의를 위협하는 것으로 여겨질 수도 있다. 나중에 다루겠지만, 이것이 바로 집단 활동이 왜 그렇게 창의적이거나 생산적이지 않은지에 대한 한 가지 이유일 수 있다.

결론

이 장에서 우리는 인터씽킹의 역사 및 현재의 의의, 그리고 더 잘 이해해야 하는 필요성을 제시하였다. 개인사고 및 집단사고의 관계를 이해하는 것은 정신간 및 정신내 활동을 연결하는 언어의 역할을 적절히 평가함으로써 가능하다는 점도 밝혔다. 이러한 주장을 펼치면서 우리는 개인사고 과정에 대한 연구의 중요성을 부인하지 않는다. 우리는 문제해결이나 창의성을 위해 개인적 대화와 집단적 대화를 서로 대립시키려는 것이 결코 아니다. 다만 인간 사고 과정과 관련하여 새롭게 균형 잡힌 시각이 수립되어, 집단사고 과정의 중요성에 대해서 정당한 평가가 이루어지기를 바란다. 기대컨대 이는 유익하고 실용적인 성과를 가져올 것이다.

제 2 장

일터에서의 대화와 인터씽킹

서론

우리는 집단사고의 언어에 대해 주로 학교와 다른 교육기관을 통해 연구를
수행해 왔다. 교실에서 이루어지는 학생들의 협업에 대한 교사와 연구자들
의 큰 관심은 협업 학습이 개인의 학습에도 도움이 되는지에 대한 관심에서
비롯되었다. 알맞은 조건들이 충족되었을 경우에 한해 우리는 협업 학습이
개인의 학습에 도움을 줌을 확인할 수 있다(Mercer & Littleton 2007; Howe
2010). 그러나 아동들이 함께 공부하게 하고 학습의 효율을 높이는 것만이
협업 학습의 유일한 이점은 아니다. 협업을 통해 문제를 해결하는 기술은
단지 이후에 직업을 가졌을 때뿐만 아니라 아동의 인생 전반에 걸쳐 유용할
것이다. 제1장에서 우리는 인터씽킹 능력의 발생이 인류의 진화에 중요한
역할을 했을 가능성이 있다고 주장하였다. 이전의 어느 때보다도 오늘날의
직업은 함께 계획하며 문제를 해결하는 능력을 요구한다. 타인과의 협업을
잘 수행하는 능력은 조직의 일원들에게 기대되는 이상적인 특성으로 널리
알려져 왔다. 회계 보조원, 카페의 매니저, IT 영업 사원 및 대학의 연구원

등과 같은 다양한 직업의 구인 광고는 일반적으로 "지원자는 팀으로 일하는 것에 능숙하고 우수한 대인 기술을 갖춰야 한다."와 같은 조건을 명시한다. 이 장에서는 성인들이 실제 업무 환경과 모의 상황에서 일을 성취하기 위해 그룹으로 어떻게 협력하는지에 대한 연구를 검토할 것이다. 또한 효율적인 팀워크의 특성과 팀의 인터씽킹 및 심의에서의 대화의 역할에 대해 이 연구들의 시사점들을 논의할 것이다. 이 장에서는 이러한 연구의 결과를 학생들의 그룹 대화를 분석한 우리 연구와 연관해서 몇 가지 결론을 도출할 것이다.

작업 환경에서 집단의 문제해결에 관한 연구

여기에서는 문제해결이나 작업 수행에 있어 성공적이거나 그렇지 않은 그룹에 초점을 둔 심리학자나 사회학자들의 연구를 다룰 것이다. 그룹이나 팀의 효과적인 공동 작업을 가능하게 하는 요인에 관한 연구의 증거는 성격과 질이라는 측면에서 다양하다. 대부분의 증거는 함께 일하는 사람들을 실제로 기록한 것보다는 발생한 일에 대한 사람들의 회고에 기반한다. 다른 증거들 역시 연구 목적을 위해 실제 직장 동료가 아닌 낯선 사람들 사이에서의 모의 상황을 토대로 한다. 따라서 이러한 근거들은 불가피하게 행동에 영향을 줄지도 모르는 실제 상황의 요소들이 결여되어 있다. 예를 들자면 직업 세계에서 일반적으로 존재하는 팀원들이 조직 내에서 함께 일한 경험이나 팀원들이 직장 내에서 서로 다른 지위를 갖는다는 점이다. 팀 활동에 대한 연구 경험이 풍부한 연구자들로 구성된 한 연구팀은 다음과 같이 언급하였다. "어떤 연구도 그룹으로서의 협동이 개인으로서의 업무 수행처럼 업무의 효율을 향상시키는지 뚜렷하게 증명하지 못했다."(Pailus, Dzindolet & Kohn 2012: 348). 놀랍게도 협업하는 그룹 내에서 구어가 어떻게 쓰이는지에 대한 상세한 연구가 드물며 특히 문제해결에 있어 창의적이고 효율적인 해결책을 찾는 데 대한 연구는 더욱 드문 것으로 보인다. 저자들이 대화의 예시를 포함하는 경우에서도 앞에서 언급한 측면들을 면밀한 분석의 대상으로 삼는 경우는 매우 드물다. 따라서 이 장에서 다룰 주제에 대해 논하기 위해 이러한 이전 연구 자료들을 이용할 때에 우리는 자료로부터 추정을 해야만 한다.

학교에서 협업 학습의 가치에 대한 연구 결과는 다소 역설적으로 그룹 작업의 가치와 그룹 작업의 비생산성을 모두 지지하기도 한다(Mercer & Littleton 2007; Howe 2010). 이는 직장에서의 협업에서도 나타나는데, 협업은 최상의 결과를 이루기도 하고 때로는 최악의 결과를 가져오기도 하는 것으로 보인다. 왜 집단이 자주 창의적이지 못하거나 사고에 있어 성공적이지 못한지를 설명하는 개념 중 잘 알려진 개념이 '집단사고'이다. 미국의 저널리스트인 윌리엄 화이트(1952)가 처음 사용한 이 용어는 심리학자 어빙 재니스(1972, 1982)가 확립하였는데, 잘 확립되고 자율적인 집단이 구성원들이 전적으로 서로의 의견에 의지하고 집단 외부 사람들의 이견이나 비판을 무시하는 경향을 설명하기 위해 사용되었다. 그의 이러한 설명은 실험 연구를 바탕으로 하지는 않았지만, 사례 분석에 기반하였다. 미국 정부의 고위 관료 집단 내에서 왜 심각한 판단 오류가 발생하는지에 대한 기록물이 증거로 사용되었다. 예를 들면 1960년대의 쿠바 침공이나 베트남 전쟁 지속과 같은 결정은 이를 막으려고 했던 수많은 증거가 있었던 것으로 보인다.

여기에서는 일반적인 그룹 행동의 특징이나 성질 대신 어떻게 그룹 내의 의사소통 과정이 혁신적이고 생산적인 사고를 돕거나 방해하는지를 다룬다. 우리는 이와 관련된 내용을 재니스의 연구로부터 간접적으로 배울 수 있다. 재니스에 따르면 집단사고가 발생하는 한 가지 이유는 그가 논의했던 장관이나 서기관들과 같은 집단에서 볼 수 있듯이 집단의 구성원들이 매우 유사한 배경과 가치를 서로 공유한다는 점이다. 그들은 유사한 가치관을 지니고 있으며 집단 구성원들의 판단을 집단 외부 사람들의 판단보다 존중하였다. 그들은 아무리 '외부인'이 좋은 자격을 갖추었더라도, 관련된 사안들에 대해 대화할 때에는 외부인들을 배제하는 경향을 보였다. 그들은 반대 의견을 구하기보다 결속을 유지하기를 원했다. 이러한 요인들은 그들이 결정을 내려야 할 때 신속히 합의에 이르고, 그들의 공유된 판단에 부합하지 않은 증거들 역시 신속하게 거부하게 하였다. 집단의 이러한 의사결정 과정은 집단이 창의적이고 혁신적인 문제해결책들을 추구하는 데 장애가 되었다. 달리 말하자면 암묵적인 '기본 규칙'이 특정한 대화 방식을 억제하거나 장려하는 방법을 통해 정책 입안자들 사이의 의논 방식을 규정하였다. 재니스는 집단사고의 다양한 특징과 징후 중에 특히 중요하다고 판단되는 두 가지를 명시하였다. 아래의 기본 규칙은 재니스가 묘사한 제대로 작동하지 못하는 집단의 특성들을 기반으로 제시한 것이다.

1. 구성원은 집단 대다수가 동의하는 의견에 대해서 이의를 제기하지 않는다.
2. 집단 대다수가 동의하는 의견의 대안과 대안에 대한 근거들을 제시하거나 검토하지 않는다.

"합의를 저해할 수 있는 어떠한 의견도 제시하지 않는다", "상급자의 판단에 이의를 제기하지 않는다", "비판하기보다는 지지를 보인다", "집단의 공식적인 입장을 적극적으로 지지한다."와 같은 내용들이 규칙에 포함될 수 있다. 이러한 규칙들은 집단 구성원들 간의 서로 다른 지위와 같은 사회적 요인들을 반영하는데, 이러한 점은 특정한 조직의 '집단사고'의 경향을 이해하기 위해 반드시 고려되어야 한다. 특히 암묵적인 규칙의 문제를 다룸으로써 집단사고의 문제점들을 방지할 수 있는 방법을 훨씬 쉽게 발견할 수 있다.

Hart(1994)는 미국 정부의 집단들이 어떻게 의사결정을 내리는지에 대하여 분석하였고, Esser(1998)는 이와 관련된 17개의 경험적 연구를 검토하였다. 두 연구자 모두 재니스와 유사한 결론을 도출하였다. Baron(2005)은 보다 최신의 연구들로부터 근거를 검토했는데, 집단사고의 발생은 재니스가 제시한 구체적인 선행 조건(예 : 집단 내의 강하며 응집력 있는 관계) 충족을 필요로 하지는 않으며, 재니스가 제시한 것보다 더욱 광범위한 현상이라고 결론지었다. 그러나 조직에 대해 연구하는 다른 연구자들(예 : Peterson, Owens, Tetlock, Fan, & Martorana 1998)은 재니스와 다른 연구자들과 마찬가지로 집단사고가 흔한 현상이 아니라고 주장하였다. 이들은 또한 조직 내 집단이 낮은 수준의 의사결정을 내리는 것은 보다 전통적인 용어들로 설명될 수 있다고 제안하였다. 카리스마적인 리더에 대한 추종자들의 무조건적인 존중이 이에 해당한다. 그러나 장점과 더불어 이러한 사회적 조건들이 집단으로 하여금 잘못된 결정을 내리게 함을 지지하는 근거 또한 존재한다.

이 장에서 우리의 관심은 집단사고의 발생을 가능하게 하는 선행 조건들이 아니다. 대신 여기에서는 집단들이 토론을 어떻게 진행하는지와 소위 집단사고의 징후라고 불리는 것들에 관해 다룰 것이다.

> 집단사고의 징후(예 : 자기 검열, 비판의 거부)나 이러한 징후가 야기한다고
> 여겨지는 결함적인 의사결정 과정(예 : 빈약한 정보 검색, 부적절한 위험 평
> 가)이 수준 낮은 결정을 유도하는 것은 놀랍지 않다. 만약 수준 낮은 결정이
> 수반되지 않는다면, 이야말로 놀라운 일이다.
>
> (Baron 2005: 226)

재니스는 다수의 의견이 제시되었을 때 집단들이 무비판적인 합의에 이르는 경향을 주장하였는데, 실험심리학적 연구들이 이를 뒷받침한다. 예를 들어 일련의 연구를 통해 Nemeth와 Kwan(1987)은 참여자들에게 단어를 제시하고 이와 연관된 생각들을 나열하는 과제를 수행하게 하였는데, 참여자들이 심지어 자신들이 처음 떠올린 생각과 일치하지 않는 경우에도 대다수가 말한 내용을 받아들이는 경향이 있음을 발견하였다. 또한 집단 구성원들은 거의 만장일치에 이르러서는 가능한 대안들을 무시하는 경향을 보였다.

집단사고가 만연하다는 점에 동의하든 동의하지 않든 창의성을 요하는 작업이나 상상력을 활용하는 창의적인 의사결정은 혼자서 단독으로 처리하는 것이 더 효과적이라고 쉽게 결론지을지도 모른다.

그룹 활동에 대한 이러한 부정적인 견해를 반박하기 위해서 서로위키의 대중의 지혜(*The wisdom of Crowds*, 2004)를 참고할 수 있다. 이 책은 어떻게 사람들이 인터씽킹을 하는지에 대한 구체적인 경험적 연구에 기반하지는 않지만, 왜 '집단'이나 소위 '대중'이 개인에 비해 정기적으로 더 나은 문제 해결 방법을 찾아내는지에 대한 미국 금융 전문 언론인의 통찰을 토대로 한다. 예술, 과학, 정치, 경제 및 법률 기사에서 그가 보도한 예시들이 이를 뒷받침한다. 그의 관심 대부분은 작은 집단의 활동이 아니라 어떻게 많은 구성원으로 이루어진 집단의 ('대중'과 같은) 매우 이질적인 판단과 예측이 심지어 서로 정보를 공유하지 않을 때조차 평균적으로 전문가 개인에 비해 보다 정확한 해결책을 만들어내는지에 있다. 예를 들면 주식 시장에서 예측 불허의 변화를 예측하는 것이 이에 해당된다. 이 장과 밀접한 관련이 있지는 않지만, 책의 한 장에서 작은 집단 활동에 대해 알려진 정보와 협업을 성공이나 실패로 이끄는 요인들을 제시한 다양한 연구들을 검토하였다. 그는 실험실에서 행해진 실험 연구들이 '집단 아이디어 교환'을 최적화하는 다른 조건들처럼 파트너 간 의사소통의 효율성을 최대화해야 하는 당위성을 지지한다고 결론 내렸다. 이는 Paulus 등(op. cit.: 348) 역시 언급한 적이 있다. 집단사고를 방지하는 것에 대한 재니스 자신의 견해는 '경계를 게을리하지 않는 의사결정'의 원칙에 기반한다. 이러한 원칙은 집단 구성원들이 집단사고가 발생할 수 있는 위기를 메타인지적으로 인식하게 하고, 이에 맞게 행동하게 한다. 선의의 비판자devil's advocate 역할을 수행하는 것과 같이 최소한 집단의 일부는 비판적인 입장을 고수하여야 한다.

이러한 재니스(1982)의 견해는 이후 많은 연구자들에 의해 받아들여지게 되었는데, 예를 들면 Hirt와 Markman(1995)은 한 집단 구성원에게 선의

의 비판자 역할을 수행하게 했을 때의 효과에 대해 연구하였다. 이 구성원
의 역할은 제안된 모든 해결책이나 행동 방침에 대해 잠재적 결함을 찾아내
는 것이었다. 이는 집단이 모든 가능한 대안을 고려하지 않고 동의에 이르
는 것을 약화시키는 것으로 보였다. 그러나 선의의 비판자는 종종 의도한
대로 선의를 위해 비판하는 것으로 인식된다. Nemeth, Rogers, Brown(2001)
은 이러한 거짓 비평을 통한 중재가 실제로 다수의 지배적인 의견을 강화할
수 있음을 발견했다. 제안에 대해 진정으로 의문을 품는 거짓이 아닌 비평
은 광범위한 아이디어를 고려할 수 있게 한다. Nemeth와 Kwan(1985) 역시
집단 구성원 중 어느 한 사람이 집단의 지배적인 의견에 대해 반대할 경우
에 다른 구성원들이 자신만의 의견을 더 잘 내놓는 것을 발견하였다. 집단
의 의사결정에 관해 수십 년에 걸쳐 진행된 Charlan Nemeth와 동료들의 주
요한 연구는 건설적인 반대가 더 생산적인 결과를 이끌고 창의적인 해결책
의 마련을 돕는다는 것을 밝혔다(Nemeth 1995의 예 참조). 반대가 건설적이
고 집단의 목표 달성과 최상의 결과를 목표로 하는 한 반대 의견 제시를 권
유함으로써 집단은 집단사고를 방지할 수 있다.

'한 사람의 머리'보다 둘 혹은 그 이상의 머리가 더 나은 까닭은 더 많은
사람이 더 많은 지식과 기술, 경험을 가지고 있기 때문이다. 물론 모든 유용
한 지식들은 공유될 때에만 실질적으로 유용하다. 정보 공유를 주제로 한
연구들에 대한 메타 분석을 토대로 연구자들은 다음과 같이 결론지었다.

> 일반적으로 팀은 개인보다 정보 활용 측면에서 우위에 있다. 이는 팀의 다양
> 한 개인적 경험과 문화적 관점, 전문 분야 및 교육 배경이 대안과 관련 기준
> 의 토대가 되는 풍부한 정보를 생산하기 때문이다. 그러나 현재까지 연구 결
> 과는 정보의 공유가 집단의 성공에 매우 중요함에도 불구하고 집단은 정보
> 공유가 가장 필요한 경우에도 정보 공유에 실패함을 보여준다.
>
> (Mesmer-Magnus & DeChurch 2009: 544)

요약하면 집단의 활동에 대한 심리학적 및 사회학적 연구는 긍정적인 결과나 부정적인 결과를 가져오게 하는 그룹 상호작용의 특징들을 강조한다. 이장에서는 앞으로 이러한 특징들이 우리가 그룹의 대화를 분석한 결과와 관련되는지 다룰 것이다.

전문 분야 내외의 창의적인 대화

어떤 특정 분야에서든 문제해결과 창의적 업무 수행은 특수하고 전문적인 단어와 언어의 사용을 수반한다. 이는 문제해결과 창의적 업무 수행은 아무런 준비 없이 달성되는 경우가 드물기 때문인데, 집단은 잘 알려지지 않은 영역을 다루게 될 때 확립된 기반과 지식을 공유하며 이를 달성한다. 어떤 활동 영역에서나 바퀴를 처음부터 새로 만드는 것은 장점이 없다. 그보다는 바퀴 전문가들로부터 이미 알려진 정보를 이용하여 새로운, 혹은 향상된 바퀴를 제작하는 편이 훨씬 더 낫다. 모든 집단원이 바퀴의 축, 테, 혹은 베어링 따위의 바퀴와 관련된 용어들에 이미 친숙하다면 더 나은 바퀴가 무엇인지에 대해 의논하는 것이 더 용이할 것이다. 물론 입자물리학과 같은 특정 분야에서의 효율적인 의논은 참여자들이 비관련자들은 잘 모르는 방대하고 세세한 전문용어들에 얼마나 익숙한지에 달려 있다. 이와 같은 언어들을 부정적인 의미로 '전문용어'라고 부르는 것은 의논에 참여한 사람들이 사용되는 언어들의 뜻을 모르는 상황에서만 정당화될 수 있다. '담론 공동체'(Swales 1990)에서 알려진 것과 같이 전문용어들은 아이디어의 급속한 공유와 검토, 발전을 가능하게 한다. 또한 의사소통 측면에서의 효율성과는 별개로 전문용어의 사용은 동료들 사이에서의 결속을 다지는 데 도움이 될 수 있는데, 이는 전문용어의 사용이 특정 분야에 대한 소속감을 강화하기 때문이다. 어떤 경우에는 이러한 결속의 증대가 의사소통의 효율보다 더욱 중요하다. 이를 잘 나타내는 예로 Kathleen Odean(1990)이 언급하였듯이 1980

년대 월가의 증권 거래자들이 사용하던 다채로운 은어들을 들 수 있다. '제임스 본드'는 2007에 만기가 되는 채권을 뜻한 반면, '콘프레이크'는 켈로그사의 주식을 뜻했다. 증권 거래자들이 시장을 '들어올리고' 서로를 '죽이며' 고객들을 '휘젓는다'는 묘사는 증권 거래자들의 '마초'적인 업무 환경을 드러낸다.

대화는 공동 작업에 있어서 중요한 도구인데, 심지어 언어의 사용과 큰 관련이 없는 직업군에서도 중요하다. 언어학자 피터 메드웨이(1996a, 1996b, 1996c)가 영국과 캐나다에서 수행한 연구는 건축가와 건축가의 실계를 실행에 옮기는 건설 노동자 및 다른 숙련 노동자 사이의 대화에 초점을 두었다. 물론 건설 노동자들은 건축가의 설계를 나타내는 도면을 소지했다. 그러나 메드웨이가 언급하였듯이 "요구하기, 주장하기, 명령하기, 약속하기, 부인하기 및 제안하기와 같은 말하기는 그림으로 표현될 수 없는 것을 정확하게 나타낸다."(1996a : 108)

분명 가장 뛰어난 건축가의 최고의 계획도 2차원적인 내용을 3차원으로 달성하는 과정에서 문제에 부딪힌다. 이러한 예로 배관이 창문의 시야를 가리거나 배선이 의도대로 작동하지 않는 경우를 들 수 있다. 따라서 대화가 필수적인데, 대화를 통해 실제 건물을 건설하기에 앞서 '가상의 건물'을 만들어 볼 수 있다. 이를 위해서 모든 참여자는 공통의 목적과 서로 유사한 가치를 공유해야 한다. 그리고 더욱 중요한 것은 모든 참여자는 작업의 기술적인 면에 대해서 의논하고 실제 작업 중에 맞닥뜨릴 수 있는 문제들에 대한 창의적인 해결책을 찾기 위해 공통된 언어들을 잘 숙지하여야 한다. 메드웨이는 건설 현장에서의 대화가 보통 문제해결에 초점을 둔 기술관련 의논과 노동자들 사이의 관계를 강화하는 가벼운 대화의 조합으로써 이루어진다는 점에 대해 기술하였다. 이는 발췌문 2.1에서 건축가 클렘과 그의 지시에 따라 일하는 건축 기술자 올리의 대화에서 발견할 수 있다. 이들은 집안의 계단 설계를 확정 지으려고 하고 있다.

발췌문 2.1 계단

클렘 : 우리는 회반죽을 바른 벽을 만들 거야. 계단측판*.

올리 : 계단측판이요? 그게 뭐죠?

클렘 : 디딤판의 양 가장자리에 있는 것.

올리 : 뭐라고요? 그럼 계단측판이 실제로 디딤판과 붙어 있는 건가요?

클렘 : 그래. 붙어 있지. 8개로. 최근 몇 년 동안 이렇게 멋진 계단을 그려본
     적이 없어.

올리 : 일종의 층이 있는 왕복 계단이네요.

클렘 : 그래. 오, 마음에 드는데? 그렇게 만들면 정말 좋겠어.

(Medway 1996c: 5-6에서 발췌)

여기에서 볼 수 있듯이 클렘과 올리는 기술적인 용어들을 공유하고 있음에
도 클렘은 부하직원에게 계단측판이 무엇인지 설명해야만 한다. 또한 우리
는 발췌문의 전문에서 참여자들의 상대적인 지위에 따라 대화의 주도권이
달라지는 것을 확인할 수 있다.

　교육은 대화의 이용과 밀접하게 관련이 있는 직업이다. 제5장에서는 학생
들이 대화를 통해 인터씽킹을 하는 것을 교사가 도울 수 있는 방법들에 대
해 논의할 것이다. 그러나 이 장에서는 교사들이 어떻게 자신의 직업과 학
습으로서 대화를 사용할 수 있는지에 대해 다룰 것이다. 일본에서는 최근
몇 년 동안 교사 연수에 있어 쥬규켄큐라고 하는 자립적 접근(보통 '수업 연
구 스타일'이라고 번역됨)이 큰 인기를 끌고 있다. 사실 이러한 접근의 기원
은 19세기에서 유래한다. 이는 보통 3~6명으로 이루어진 교사들을 포함하
는데, 그들이 생각하기에 학생들의 학습을 증진시킬 수 있다고 여기는 한
가지의 측면을 함께 결정한다. 그런 다음 참여자들은 이렇게 정한 측면에

---

*역주 : 계단 층계에서 디딤판과 디딤판 사이에 수직으로 댄 판을 의미

대해 함께 일하는 데 보통 약 10주에서 3년의 시간이 소요된다. 참여자들은 '라이브'나 녹화된 비디오를 통해 서로의 수업을 참관하고 함께 분석한다. 끝부분에 이르면 참여자들은 자신들의 학교나 다른 학교에서 초대된 동료들 앞에서 '공개 연구 수업'을 하기도 한다. 수업 연구에 대한 개괄적인 소개는 (영어로 쓰인) Yoshida(2002)와 많은 대학교의 웹사이트에서 찾아볼 수있는데, 이는 이 책의 저술 시점에 미국과 영국 및 유럽 국가들에서 널리 알려지고 있었다. 지금까지 알려진 근거들은 수업 연구가 교수법을 증진시키는 데에 매우 효율적인 방법임을 제시한다.

본질적으로 수업 연구 과정은 교사들의 상호대화와 수업에서 효과적인 것과 효과적이지 않은 것들에 대한 공동의 합의, 그리고 이를 어떻게 수행할지에 대한 계획에 달려 있다. 비록 우리는 일본 교사들의 수업 연구에 대한 어떤 직접적인 자료도 없지만 Peter Dudley(2013)는 박사 과정 연구로서 영국 케임브리지의 교사들이 수업 연구를 어떻게 실천하고 있는지를 조사하였다. 그는 두 초등학교에서 교사들로 이루어진 집단의 수업 연구를 기록하였다. 그는 교사들의 대화 방식에 관심이 있었는데, 특히 대화 방식이 교사들이 추구하는 교수법적 측면들을 탐구하게 하고, 이를 적절하게 반영한 계획을 세우는 데 얼마나 효과적인지에 대해 관심이 있었다. 그는 자주 가장 생산적인 대화들이 우리가 제1장에서 다루었던 탐구 대화와 유사함을 발견했다. 교사들의 수업 연구 논의는 관찰한 수업에서 발생한 일들을 비판적이지만 상호적이며 건설적인 방법으로 고려하였다. 교사로서 참여자들은 보통 서로의 행동을 묘사하기 위해 기술적인 용어들을 사용하였다(예 : '폐쇄적 질문', '탐구 질문', '글쓰기 지침서' 등). 흥미롭게도 더듬리는 탐구적 토론을 통해 교사들이 기술적 용어들에 대해 서로 상이한 이해를 가지고 있음을 깨닫는 것을 발견하였다. 그는 아래와 같이 언급하였다.

교사들이 경험한 몇몇의 주요한 학습은 기술적 용어들에 대해 서로 다른 해석을 발견하고 인지하는 것으로부터 비롯되었다. … 그리고 나서 교사들은 수업 연구를 계속하기 위해 용어들의 이해에 있어 서로 간의 차이점을 인정하고 공동의 정의를 다시 확립하고 조정해야 했다.

(Dudley 2011: 130)

발췌문 2.2는 두 명의 교사(발췌문의 로이드와 욜란다)가 어떻게 이런 주제들에 대해 맞붙는지 보여준다. 글쓰기를 가르치는 방법에 대해 논의하는 과정 중에 로이드는 방금 막 자신의 학급 전체에 대해 '수행 지침서'를 수행하기를 제안했다.

발췌문 2.2 지침서

욜란다 : (한참 침묵한 후 놀라면서) 전체 학급을 '지도'하시겠다는 겁니까?

로이드 : 네, 제가 저번 시간부터 생각한 겁니다.

욜란다 : 흠. 아마 제가 뭔가 놓치고 있는 것 같네요. 하지만 제가 생각하는 독서 지침서와는 다른 것 같네요…. (본인의 말을 정정한다.) 글쓰기 지침서요.

로이드 : 공유 기록.

욜란다 : 그러니까 전체 학급에 공유 기록을 하겠다고요?

로이드 : 네, 학급 전체에요. 하지만 … 우리는 독서 지침서와 글쓰기 지침서를 혼합하고 있는 듯하네요.

욜란다 : 글쓰기 지침서는 선생님 학생들이죠.

로이드 : 글쓰기 지침서는 학생들이 스스로 뭔가 쓰는 걸 말하죠.

욜란다 : (동시에) 그리고 학생들의 학습을 진전시키고 학습의 다음 단계로 이끄는 게 주안점이죠.

(Dudley op. cit.: 116에서 발췌)

교사들은 한동안 계속해서 이 문제에 대해 논쟁하고 결국 욜란다는 다음과 같이 언급한다.

욜란다 : 제 생각에는 아마 같은 내용에 대해서 우리 둘이 서로 다른 용어와
언어를 사용하고 있는 것 같네요.

(Dudley op. cit. : 117)

공동체로서의 담론을 공유하는 동료 집단 내에서 전문용어의 사용은 공동
활동으로서 인터씽킹을 촉진할 수 있다. 그러나 심지어 공유된 대화 방식을
가지고 있는 집단에서조차 상호 동일한 해석을 전제하는 것은 위험할 수 있
다. 협업하는 사람들이 서로 다른 전문 분야나 직업을 가지고 있는 경우에
는 특정한 대화 방식을 사용하는 것은 더욱 문제가 될 수 있다. 최근 문제에
대한 창의적인 해결을 모색하기 위해 서로 다른 전문 분야와 개성을 가진
사람들의 협력이 각광받고 있다. 이렇게 분야를 넘나드는 팀의 구성원은 상
호 보완적인 구성을 제공하며 다양한 종류의 관련 경험을 공유한다. 자신과
다른 배경을 가진 구성원의 문제 인식에 대해 듣는 것은 구성원들이 자신의
견해가 제한적임을 깨닫게 하는 데에 도움이 된다. 또한 가끔은 안타깝지
만, 한 분야로만 이루어진 집합의 전형적인 작업 환경 아래에서나 오직 한
가지 종류의 지식에만 의존하는 것을 통해 어떻게 견해가 제한적인지를 발
견할 수 있다. 이러한 인지는 집단으로 하여금 보다 창의적인 해결책을 발
견하게 할 수도 있다. 그러나 이렇게 경계와 분야를 넘나드는 협업 역시 한
계가 존재하며 구성원들의 효율적인 의사소통에 의존한다. 이러한 협업을
소개하면서 심리학자 앤 에드워즈는 다음과 같은 관련 일화를 제공한다.

최근 나는 몇십 년에 걸친 도시 재건에 참여한 한 건축가와 함께 프랑스 교
외를 거닐며 오후를 보냈다. 석조물, (토목 용어로) 시선 및 현장 체계에 대
한 그 건축가의 열정은 굉장하였다…. 그의 전문성은 특정한 역사 및 가치로
부터 문화적으로 형성된 업무 방식의 실천에서 기인했다. 그러나 그는 도시

계획 설계자들과의 문제에 대해 이야기하며 괴로워했다. 건축가가 도시 계
획 설계자와 일할 때 각자에게 중요한 사항은 쉽게 양립되기 힘들며 계획은
쉽게 좌절되고 실망적인 결과를 얻게 됨이 자명해 보인다.

(Edwards 2012: 22)

분야의 구분이 없는 협업에 대한 자신의 연구에서 에드워즈는 건축가와 도
시 계획 설계자들의 사이가 아닌 영국에서 '아동 서비스'라고 불리는 서비
스를 제공하기 위해 함께 일하도록 되어 있는 다양한 배경의 사람들에 대
해 조사하였다. 여기에서 다양한 배경의 사람들은 사회복지사와 교사, 교육
심리학자 등을 포함한다. 부분적으로는 세간의 이목을 끄는 몇몇의 아동방
치 사건들에 대한 대응책으로서 최근에 영국 정부는 아동 서비스는 전문 분
야들이 개별적으로가 아니라 함께 공동으로 일해야 한다는 강력한 지침을
내렸는데, 이를 통해 아동들이 각 영역 사이에 놓인 사각지대에 빠지는 것
을 방지할 수 있다고 보았다. 이러한 방침은 이전에 함께 일해본 적이 없는
사회복지사, 교사, 보건 전문가와 경찰과 같은 다양한 배경을 가진 전문가
들이 함께 참여하는 회의를 필요로 하게 하였다. 이러한 회의에 관련된 본
인의 경험과 참여한 전문가들을 인터뷰함으로써 에드워즈는 관련 이슈들과
사례들에 관하여 모든 참여자가 확고한 공동의 이해를 다지는 것이 '공동의'
작업을 성공시키기 위한 필수 요건 중의 하나라고 주장했다. 달리 말하자면
다루고자 하는 아동들의 사례에 대해 자세히 논의하기 전에 다양한 전문가
사이에서 공통의 이해를 확립하게 하는 대화를 할 필요가 있었다. 전문가들
은 서로 간의 의사소통에 특별히 주의해야 함을 스스로 깨달았다. 에드워즈
가 인터뷰한 아동 서비스의 한 관리자는 자신이 "스토리텔러가 되어야 했
으며 자신은 비유를 사용하고 다른 사람들이 생전 보지 못한 것들을 이해할
수 있게 설명하고자 노력했으며, 의제에 대해 그들의 언어로 이야기하려고
했다."고 말했다(Edwards op. cit.: 30).

작업 집단에서의 대화

창의적인 업무 수행에 참여한 성인들의 대화를 분석한 몇 안 되는 연구 중의 하나는 Middup, Coughlan과 Johnson(2010)이 수행한 연구이다. 이들은 네 명으로 이루어진 두 개의 집단이 학생들과 교직원들에게 재활용을 장려할 목적으로 교내에서 사용될 짧은 영상을 제작하기 위해 함께 일하는 것을 기록하였다. 연구자들은 이들이 3주 동안 이루어진 일련의 회의를 통해 어떻게 공동적으로 창의적인 협동을 하는지 그 과정을 파악하는 데에 주된 관심이 있었다. 또한 두 집단의 목적 달성 측면에서의 효율성과 효과성에 대해서도 흥미를 가졌다. Middup 등은 그러한 과정을 다룬 모델을 만들었는데, 이는 각 집단의 사고 과정과 집단의 목표에 대한 초기의 이해로부터 최종 결과에 이르기까지 각 구성원이 어떻게 대화와 행동을 이용했는지를 나타낸다. 연구자들은 이러한 과정이 각 집단의 구성원들이 그들이 수행할 일과 관련하여 '개념의 공간'을 발전적으로 수정해 가는 것을 포함한다고 하였다. 이러한 수정은 조직원들이 광범위하고 상대적으로 잘 정의되지 않은 개념의 범위를 좁히며 보다 적합하고 달성 가능한 개념으로 이행할 수 있게 하였다.

이제 연구자들이 연구에 참여한 집단을 기록한 것으로부터 만들어낸 두 개의 발췌문[연구자들의 용어로는 소품문(비네트)]을 살펴보자. A, B, C와 D는 소품문의 대화에 등장하는 참여자들이다.

소품문 2.1 그룹 1의 두 번째 회의에서 인용

C가 관객에게 몇몇의 사실과 조언을 제시하는 것에 관심이 있어 촬영본에 포함된 소리의 이용에 대해 논의하고 있다. A와 B는 이에 관심이 있으며 사실을 소리 내어 읽을 것을 제안한다. 그리고 나서 C는 소리는 항상 잘 들리는 것은 아니며, 상영물에 포함되는 소리는 보완적인 역할을 해야 한다고 제안한다. C는 그가 생각하기에 상영물이 꼭 따라야 할

조언들에 대해 설명하고 있다.

B : 어떻게 했으면 좋겠습니까? 여기 내용을 단지 읽기만 할지 아니면 그림이라도…

C : 아니요. 나는 이 부분에 대해 사실 잘 몰라요.

A : 제 생각엔 그림을 먼저 보여주고 당신이 사실을 읽으면 어떨까요? 그림과 관련된 사실을…

C : 음, 제 생각엔 만약 영상물이 퍼레이드(바의 이름)나 길거리에서 상 영된다면 아마 소리는 들리지 않을 것 같아요.

A : 그건 그렇네요.

C : 아니면 소리는 그냥 부가적으로만 이용하고 정보를 그대로 보여주 는 게 나을 수도 있어요. 자막을 넣는 걸로요. 음성을 사용은 하지 만 전적으로 음성에 의존하지는 않는 거지요.

A : 그거 좋겠네요.

C : 우선 음성이 없는 장면들을 짜보죠. 좋은 음악을 더하고요. 제 말은 음악 없이는 딱히 보여줄 필요가 없는 장면들이요.

(Middup et al. 2010: 214)

연구자들은 "소품문 2.1은 구성원들이 회의에 앞서 개인이 가지고 있는 아 이디어를 집단에게 전달하는 전형적인 방법을 보여준다. 이러한 사전의 아 이디어는 구성원들이 함께 의논하고 수정함에 따라 결국 받아들여지거나 거부된다."(214)고 언급하였다. 이 소품문은 탐구 대화의 특징도 드러낸다. A는 C의 아이디어를 제대로 이해하기 위해서 A에게 질문하고 C는 이에 적 절하게 응답한다. A는 새로운 제안을 내놓는데, C는 타당한 이유로 이에 대 해 이의를 제기했다. A는 C의 새로운 제안에 대해 동의하였다. 소품문에 D는 등장하지 않고 B 역시 단 한 번 대화에 참여했지만, 전반적으로 참여자들 사이의 상호작용은 건설적인 방향으로 비판적이었다.

다음 소품문은 비슷한 업무를 수행한 다른 그룹의 두 번째 회의에서 발췌한 것이다.

소품문 2.2 그룹 2의 두 번째 회의에서 인용

이 집단은 영상물 제작에 대한 아이디어에 대해 의논하고 있다. A가 영상물의 주제로 사람들에게 재활용을 실천할 것을 상기시키는 것을 제안했고, 이는 A와 B에 의해 발전되었다. 나아가 A는 C의 질문에 대한 답으로 동물을 이용할 것을 제안하였다가 다시 A와 B는 사람들의 주의를 분산시킬 수 있는 동물의 소음에 대한 논의로 발전시켰다. D는 상영물이 공공장소에서 상영될 경우 동물의 소음이 더욱 성가실 수 있다고 덧붙였다.

A : 아마 영상을 봤다는 사실만 기억하지, 재활용에 관한 건 기억 못할 것 같아요.

B : 그냥 스쳐지나가는 사람들을 말하는 건가요?

A : 네, 그런 사람들이요. 그런 사람들에게 재활용을 상기시키는 아이디어, 좋은 것 같아요.

B : 좋아요. 당신은 지나가다가 무언가 어떤 메시지를 봤어요. 단지 '본' 것뿐이죠. 재활용 휴지통이 있고.

A : 음, 제 생각에는 동물의 소리를 뜬금없이 들려주는 게 때로는 아주 흥미로운 것 같아요.

C : 어떻게 말이죠?

B : 소음으로요?

A : 음, 단지 동물 소리가 들린다고 생각해봐요.

B : 아, 알겠어요. 그저 동물 울음소리가 들리고, 그게 시선을 끄는 거죠.

A : 네 그렇죠…. 사람들이 동물을 좋아하니까 시선이 가는 거죠.

C : 이를테면 젖소 같은?

A : 오리 어때요…. "오리가 여기에서 뭐 하는 거지?"

B : 좋아요, 재밌군요. 사람들은 동물의 소리를 듣지만, 사실 영상물의 내용은 동물과는 아무 상관이 없죠. 동물 소리를 듣고 나서 화면을 보면…

A : 그냥 한번 생각해봤어요. 일종의 속임수죠. 광고에서 자주 찾아볼 수 있죠.

D : 네. 좋은 생각이기는 한데 많은 사람들이 지나가는 장소에서 상영한다면…

A : 사람들이 질려버릴 수도 있죠.

D : 엄청 짜증을 낼 수도 있어요….

(Middup et al. 2010: 217)

연구자들은 소품문 2.2에 대하여 다음과 같이 언급하였다.

> 동물 소음이 최종적으로 거부됨에 따라 업무 과정이 뒤엎어진 것처럼 보일 수 있지만, 사실 이러한 행위가 가치가 없는 것은 아니다. 구성원들은 결과물에 대하여 함께 정의하려 했으며 공공장소에서 사람들의 짜증을 유발할 수 있는 부적절한 동물 소리의 이용을 배제함으로써 논의의 범위를 보다 좁혔다. 이러한 과정을 통해 이제 논의는 지나가는 사람들의 관심을 사로잡으며 재활용을 장려할 수 있는 방법을 포함하며 이에 초점을 둔다…. 이후 이러한 아이디어는 영화의 인물들이 동물보다 덜 질린다는 판단으로 동물을 영화의 인물로 대체하는 수정을 거쳐 채택된다. 영화 인물의 사용은 공공장소에서 사람들에게 재활용을 상기시킨다는 결과물적인 관점에서만 더 나은 선택이 아니라 아이디어의 본질적인 측면에서 역시 바람직한 선택이었다.

(Middup et al. 2010: 217)

그럼으로써 동물을 이용하는 아이디어에 대한 집단의 '탐구적인' 논의가 즉각적으로 해결책을 제공한 것은 아니지만, 수행해야 될 일에 있어 핵심적인

부분에 대해 구성원들의 관심을 환기시켰다. 그리고 이는 간접적으로 이후
에 발전된 아이디어를 이끌었다.

소품문에 대해 연구자들은 또한 아래와 같이 언급하였다.

> 이 사례는 창의적인 협력을 돕기 위해서는 '효과적인' 협력과 '효율적인' 협
> 력의 균형을 염두에 두어야 함을 보여준다. 이 사례에서 발생한 중재의 과정
> 은 개념적 공간을 보다 일찍 좁힐 수 있게 작용한 것으로 보인다. 이와 같은
> 방법은 집단의 업무를 보다 제한적으로 만듦에 따라 효율성을 증진할 수 있
> 다. 그러나 이러한 제한은 가능한 대안들을 위한 공간을 줄이는데, 이는 구
> 성원들이 효과적인 결과를 만들기 위해 특별히 신경쓰지 않는 한 업무에 있
> 어 가장 효과적인 결과를 생산해내지 못하게 됨을 뜻한다.
>
> (Middup op.cit. : 218)

Middup과 동료들은 또한 창의적인 업무를 함께 진행하는 집단들이 겪을 수
있는 문제들에 대한 통찰을 제공한다. 개념적 공간을 좁히는 것은 일을 수
행하는 과정에서 필수적이지만, 이 과정이 너무 일찍 혹은 쉽게 이루어지
면 조직이 관련된 다양한 아이디어를 생각해내고 고려하는 것을 막을 수도
있다. 이는 집단이 보다 좁고 집중된 업무 수행과 가능한 결과들에 신속하
게 접근하게 한다는 측면에서는 효율적으로 보일지도 모르지만, 결국 인터
씽킹을 더 효과적으로 만들지는 못할 수도 있다. 효율과 효과 사이의 이러
한 긴장은 집단이 자신들의 행동을 반성적으로 되돌아볼 때 더욱 명확히 할
필요가 있다. Middup과 연구자들은 또한 집단이 보통 문제에 직면하는 이
유는 작업에 대한 집단 구성원들의 초기 이해가 작업을 수행할 때 수반되는
작업의 현실적인 면이나 요구사항들에 부합하지 않기 때문이라고 지적하였
다. 그들은 이를 '개념 불일치'라고 명명하였다. '인위적인 불일치'라고 이름
붙인 세 번째 유형의 문제는 집단이 사용 가능한 문화적인 도구나 자료들이
작업 수행에 대한 그들의 초기 생각에 반할 때 발생한다. 이와 같은 종류의

문제를 회피하거나 극복하기 위해서 집단은 창조적인 업무를 수행하기에 앞서 작업의 정의를 설명하는 기본 규칙을 안내받고 이용 가능한 재원들을 명확히 검토해야 한다. 이러한 일종의 분석 과정은 집합적 사고 활동의 성공이 의논을 구성하고 검토하는 방식에 달려 있으며 업무를 어떻게 한정지을지와 업무를 수행하기 위해 필요한 재원 검토의 필요성을 뚜렷하게 보여준다.

결론

이 장에서는 어떻게 사람들이 협업하는지에 대한 다양한 연구들에 대해 살펴보았는데, 이 연구들의 주제는 공동 작업이 개인 혼자의 작업보다 창의적인 결과물을 만들어낼 수 있는지의 여부였다. 수업에서 이루어지는 공동 학습과 마찬가지로 이러한 연구들의 결과는 한편으로는 모순적이거나 역설적인 것처럼 보인다. 그러나 다른 한편으로는 협동적인 노력이 매우 창의적이고 생산적일 수 있다는 증거들도 존재한다. 이러한 모순은 우리가 하나의 단순한 사회 현상을 다루고 있는 것이 아니라는 사실을 깨달음으로써 어느 정도 해결될 수 있다. 집단이 함께 일하는 데에는 다양한 방식이 존재하며, 업무의 내용과 종류에 따라 업무 방식은 각기 다르다. 그럼에도 불구하고 저자들의 연구와 이 장에서 언급된 연구들로부터 도출하여 우리는 창의적이고 효율적인 해결책을 달성하게 하는 (또한 '집단사고'를 방지하는) 인터씽킹에 가장 효율적인 의논의 특징들을 신중하게 제시할 것이다.

생산적인 집단 토론을 달성하기 위해 참여자들은 아래의 내용을 따를 필요가 있다.

1. 동료들의 제안에 자유롭게 비판적인 견해를 제시한다. 단 이러한 비판은 본질적으로 업무 수행에 있어 집단의 성공을 돕고자 하는 동기에서

비롯되어야 한다.

2. 어떤 비판적 견해든 개인적인 공격이라고 느끼지 않고 건설적인 비판으로 받아들인다.

3. 아이디어나 제안을 할 때는 집단 내의 상대적인 지위와 상관없이 철저한 비판적 검토를 바탕으로 한다.

4. 집단의 업무를 도울 가능성이 있다면 어떤 관련 정보든지 공유하고 구성원들이 관련 지식을 잘 숙지하고 있다고 미리 단정짓지 않는다.

5. 제안을 할 때는 동료들이 제안을 평가할 수 있도록 제안에 대한 근거를 제시하도록 한다.

6. 다른 동료들로부터 관련 정보를 구한다. 예를 들어 구성원들에게 공유하거나 덧붙일 정보가 있는지를 묻거나 불명확한 정보에 대해 더 자세히 설명할 것을 요구한다.

7. 정기적으로 비준을 모색하고 이에 대한 동의를 구한다.

8. 때때로 조직원들이 공동의 활동을 함께 검토한다. 구성원들이 기본 규칙을 잘 준수했는지, 기본 규칙을 수정할 필요가 있는지의 여부와 집단이 효율성(의논에 과다한 시간을 소모하지 않기)과 효과성(창의적 인터씽킹을 위한 충분한 시간이 허용되었는지) 사이에서 적합한 균형을 달성했는지를 중점적으로 검토한다.

집단 구성원들이 위와 같은 방식으로 행동하면 집단의 의논은 우리가 제1장에서 설명한 탐구 대화의 성격을 띨 것이다. 그림 2.1은 교실에서 탐구 대화를 이끌어내기 위한 한 예시이다. 이 기본 규칙은 저자들이 수행한 연구 중의 한 교사가 제작한 것이다.

그림 2.1의 규칙 중 하나인 '합의에 이르기 위해 노력한다'는 규칙은 이 장에서 다뤘던 집단사고를 피해야 한다는 관점에서 다소 문제가 있다고 보일 수도 있다. 이러한 규칙이 유익한 의견 불일치를 억제하지는 않을까? 우

7반의 기본 규칙
조별활동을 할 때 …

- 모두가 관련 정보를 제공한다.
- 모두의 아이디어를 존중한다. 단 비판적으로 평가한다.
- 서로에게 질문을 한다.
- 이유를 구하고 제시한다.
- 합의에 이르기 위해 노력한다.
- 서로 신뢰하며 하나의 팀으로서 행동한다!

| 그림 2.1 | 탐구 대화를 위한 기본 규칙

리가 학교에서 수행한 연구에 대해 설명할 때 가끔 이 규칙을 포함시키는 것에 대해 비판받았다. 왜냐하면 비평가들이 지적하였듯이 누구도 동의를 강요하는 것을 원하지 않기 때문이다. 하지만 참여자들이 '비동의'하는 것에 대해 '동의'할 수 있지 않을까? 여기에서 중요한 점은 이 특정한 규칙을 전체 기본 규칙의 맥락에서 고려하는 것이다(이 기본 규칙은 궁극적으로 제1장에서 다룬 탐구 대화의 정의에 기반한다). 기본적으로 우리는 이 특정 규칙이 문제를 일으키지 않으며, 사실 필수적이라고 할 것이다. 이 규칙의 진정한 의미는 규칙 목록에서 하단에 있는 규칙에 내포되어 있는데, 이는 "관련된 모든 정보를 공유하고, 이에 대해 비판적으로 논의한 후에 집단은 공동의 작업에 대한 기반으로서 결론을 도출하려고 노력해야 한다."는 것이다. 이 규칙의 가치는 집단 구성원으로 하여금 토론과 논쟁을 통해 진실되며 근거에 바탕을 둔 합의를 구하도록 하는 데에 있다. 또한 이러한 규칙은 집단사고를 유발하는 추상적인 동의와 같은 위험을 피할 수 있게 한다는 점에서 가치가 있다. 비록 우리는 성인을 대상으로 한 연구에서 이와 관련된 근거를 찾지는 못했지만, Howe(2010)의 학교에서의 수학 및 과학 문제 해결에 대한 연구를 참고로 할 수 있다. 그녀는 이 연구에서 아동들에게 뚜렷하게 동의를 구하고 합의에 이르도록 요구했을 때 아동들의 이해도가 올라

가고, 과목에 관련된 지식을 더 잘 기억하며 문제해결에 있어 더 나은 답을 찾는다는 것을 발견하였다. 심지어 아동들이 합의에 이르지 못했을 경우 오히려 더 나은 결과를 보였다. 이렇게 동의를 구하는 과정은 조직 구성원들이 '추가적인 노력'을 하도록 장려하고 비판적으로 가능한 해결책들을 평가하게 했으며 결국 더욱 심도 있게 관련 지식에 관여하도록 만들었다.

우리가 제시한 일반적인 결론 중 우리는 작업의 종류에 따라 필요한 협력적 의논의 유형도 달라진다는 사실을 잊지 말아야 한다. 이러한 주장은 제1장에서 설명한 세 가지 유형의 대화와도 관련된다. 예를 들어 창조적인 작업을 수행하는 한 집단의 구성원들이 새로운 의류 브랜드 이름의 후보들을 명단으로 작성하는 것을 최초의 작업으로 하는 것에 동의한다면, 누적 대화cummulative talk의 유형을 사용하는 것이 가장 적합할 수 있다. 왜냐하면 누적 대화는 모든 아이디어를 수용하고 비판 없이 발전시키기 때문이다. 이는 앞에서 언급한 Middup 등이 문제로 인식했듯이 개념적 공간을 좁혀 나가는 과정을 앞당기는 것을 저해할 수도 있다. 그러나 이 구성원들이 아이디어 중에서 잠재적인 판매자들과 고객의 반응과 다른 관련 정보를 바탕으로 가장 나은 아이디어를 선택해야만 한다면 탐구 대화가 필수적일 수도 있다.

전반적으로 환경적인 면에서 학교와 직장에 중요한 다른 점이 존재하지만, 창의적이고 생산적인 문제해결을 위한 논의의 특성에 있어서는 두 조건 사이에 큰 차이점은 없다고 결론지을 수 있다. 학교와 직장 모두에서 부적절한 기본 규칙이 쓰이거나 구성원들이 동일한 기본 규칙을 따르지 않을 경우 작업이 엉망이 되는 것으로 보인다. 이러한 두 가지 경우 누적 대화와 유사한 의논 방식이 초기에 정보를 공유하고 새로운 아이디어를 떠올리는 데에 매우 유용할 수 있다. 결론을 도출하거나 계획을 짜고 결정을 내려야 할 때는 탐구 대화가 가장 좋은 선택일 수 있다. 물론 어떤 작업이나 작업 수행 중의 단계에 따라 요구되는 특정한 조건들은 어떤 대화 방식이 가장 생산적인지에 영향을 준다. 비록 멸종 위기종처럼 사라지지는 않겠지만, 논쟁 대화disputational talk를 장려하기에 합당한 이유를 찾기는 쉽지 않다. 아마도 논쟁 대화는 감정이 없는 인조인간 사이의 대화에서나 완전히 부재할 것이다. 그러나 초기에 함께 일하는 구성원들이 토론에 알맞은 규칙에 대한 동의에 이르기 위해 함께 시간을 할애한다면 논쟁 대화는 덜 발생할 것이다.

제 3 장

인터씽킹과 공연 예술

서론

제2장에서는 다양한 작업 환경에서 사람들이 인터씽킹할 수 있는 방법에 대해 알아보았다. 이 장에서는 창의성에 있어 인터씽킹의 중요성에 대해 중점을 둘 것이다. 인간의 창의성에 있어 협력의 중요성은 특히 독창적인 사람들이 예술과 과학에서 어떻게 성공했는지를 기록한 전기나 문학 연구에서 잘 나타난다. 최근 들어 문학 연구자들은 유명한 작가와 음악가, 예술가들이 천부적인 재능과 혼자만의 노력 때문에 성공했다고 설명하는 유년 시절을 설명한 전기들에 의문을 품기 시작했다. 이제 이러한 설명은 동시대의 다른 사람들이 예술가의 작업에 미치는 영향을 과소평가하는 해석으로 잘 알려져 있다. 예를 들어 Stone과 Tompson(2006: 8-9)은 *Literary Couplings*라는 책에서 낭만주의 작가들(워즈워스, 콜리지, 키츠와 동시대 작가들)의 작품에 대한 초기의 분석들에 만연한 '천재에 대한 추종'은 미신에 근거하며 역사적 근거들은 이러한 작가들이 사실은 협동에 매우 의존했음을 보여준다고 지적하였다. Stillinger(1991)와 Joffe(2007) 또한 뛰어난 예술가들을 다

른 사람들로부터 영향을 받지 않은 독자적인 천재라는 묘사에 의문을 제기했다. 이들은 예술가들이 전성기에 보통 특정한 공동체에 속하였으며 이들과 긴밀한 관계를 맺으며 새로운 아이디어나 원칙을 만들고 공유했다고 설명하였다. 예를 들어 정교한 연구 결과들은 메리 셜리(프랑켄슈타인의 저자)와 그녀의 남편인 퍼시 비시 셜리('몽블랑', '오지만다이스' 등 호평받는 많은 시를 쓴 작가)의 주요 작품의 글들이 서로 밀접히 관련되어 있을 뿐만 아니라 알프스에서 그들이 살면서 함께한 경험에 대해 서로 나눈 대화에 상당히 의존하고 있음을 밝혔다. 이는 그들의 일기에도 기록되었다(Mercer, 2012). 이처럼 공동사고의 중요성을 명백하게 보여주는 예는 시각 예술, 음악, 과학적 발견과 기술 발전의 부분에서도 찾아볼 수 있다. 베라 존-스타이너의 *Creative Collaboration*(2000)은 심리학적 및 역사적 연구로부터 얻은 관점과 통찰을 결합하면서 협력적인 파트너십에 대한 통찰을 제공한다. 그녀는 예술 및 과학 분야에서 사람들이 (보통 연인과 같은 파트너를 중심으로) 어떻게 함께 성공적으로 일하는지에 대한 일련의 사례 연구를 하였다. 때때로 참여자들 스스로의 반성을 통한 통찰로부터 그녀는 협업을 창의적이며 생산적으로 이끌기 위해서 단 한 가지가 아닌 다양한 방법이 존재함을 보여주었다. 그녀는 또한 '공동 작업', '협력'과 '사회적 상호작용'을 유용하며 흥미로운 방식으로 구분지었는데, 공동 작업을 '마음이 하는 일'이라고 하며 가장 높은 수준의 상태라고 하였다.

> 사회적 상호작용은 두 명 혹은 그 이상의 사람들이 대화를 나누는 것을 포함하는데, 협력은 공동의 목표를 통제할 수 있게 하며 함께 일하는 것은 종종 업무의 조율을 가능하게 해준다. 그러나 공동 작업은 새롭고 유용한 비전을 실현시키기 위해 기술, 기질, 노력과 때로는 성격을 복잡하게 혼합시켜야 하는 과정을 포함한다.
>
> (Moran & John-Steiner 2004: 11)

모란과 존-스타이너와 같은 연구자들은 창의적인 비전을 달성하기 위한 협력적 상호작용의 중요성을 강조한 데 반해, 협력적 창조성에 내포된 구어에 대해서는 알려진 바가 거의 없다. 이러한 사실을 유념하며 우리는 최근 음악을 작곡하고, 기획하며 리허설을 하는 소집단의 대화 분석을 통해 창의적인 인터씽킹에 대해 연구를 수행하였다. 이러한 주안점은 대인관계 수준에서 인터씽킹의 역할과 인터씽킹이 어떻게 문화의 창의성을 개선할 수 있는지를 강조한다. 또한 이처럼 창조적 활동 중 특정한 영역에 집중하는 것은 대화 방식이 음악과 같은 다른 의사소통 수단들과 함께 어떻게 쓰였는지 심도 있게 분석하는 것을 가능하게 해준다. 여기에서 우리는 먼저 리허설 중인 밴드 사이에서의 의논 과정을 살펴본 후 음악, 연극, 춤과 같은 서로 상이한 전공 분야를 가지고 있는 구성원들이 어떻게 예술 작품을 만들기 위해 함께 일하는지에 대해 알아볼 것이다.

음악 공연 리허설에서의 공동 창의성

여기에서는 우선 즉흥 연주를 하는 재즈 음악가들을 관찰한 연구들에 대해 살펴보고, 우리가 다른 음악 밴드들을 관찰한 결과를 제시할 것이다. 우리가 이러한 인터씽킹 상황에 관심을 갖게 된 것은 순전히 이러한 활동에 관여한 적이 있는 저자 중 한 사람이 이러한 인터씽킹 과정에 대한 초기의 통찰을 제공했기 때문이다. 또한 저자들은 이러한 종류의 활동이 소규모의 집단이 구성원 모두와 긴밀히 관련된 예술물 창조라는 궁극적인 목적을 달성하기 위해 어떻게 애쓰는지를 이해하는 데에 적합한 예라고 판단하였다. 다른 종류의 창의적인 협업에는 가시적이거나 비가시적인 공헌자, 명백한 리더와 이에 따르는 사람들, 그리고 특정한 과정에만 참여하는 사람들이 존재한다. 우리가 연구한 종류의 음악 밴드는 궁극적으로 모든 구성원이 무대에 함께 서며 관객들에게 다음과 같이 말한다. "저희 모두가 함께 만든 공연

입니다. 어떠세요?" 이러한 행위가 이 리허설과 우리가 채택하지 않은 다른 종류의 창의적인 협력을 구별하는 점으로 보일 수도 있지만, 우리가 생각하기에는 이러한 행위에 나타난 상호작용 과정은 보다 포괄적이며 그 강도가 크다. 이에 덧붙여 참여하는 인원이 소수라는 점과 각 이벤트에 모든 구성원이 참석한다는 점 때문에 이러한 과정은 더 광범위한 종류의 협업보다 연구하기에 더 용이하다. 리허설은 음악 연주 분야에서 흔하고 중요한 과정임에도 불구하고 리허설에 대한 연구들은 놀라울 만큼 찾아보기 힘들다. 앞으로 다룰 몇몇의 주목할 만한 예외들을 제외하고, 어떻게 음악가들이 내화하고 서로 상호작용하는지와 같은 공동의 음악 작업에 대한 체계적인 연구는 매우 드물다. 앞에서 논의했듯이 예술에 대한 관점은 협업보다는 예술가의 독자적인 성취로서의 작곡에 훨씬 치우쳐 왔던 것으로 보인다(예 : Young 2008). 비록 이제는 지속적인 관계에서 발생하는 상호작용에 창조성이 내재되어 있으며 공동 작업이 창의적인 결과물을 만들어낸다는 점을 연구들이 밝혔지만, 이 과정에서 발생하는 인터씽킹에 대해서는 알려진 것이 많지 않다. 이 분야의 두 저명한 연구자는 다음과 같이 언급했다.

> 집단의 창조성에 대한 가장 지속적인 연구는 브레인스토밍을 하는 집단들에 대한 사회심리학 연구들이다. … 그러나 이러한 연구는 집단 안에서 발생하는 상호작용 과정에 대해 분석하지 않았다. 이러한 공동 작업의 과정에 대한 누락은 창의성에 대한 연구 분야에서 심각한 빈틈이라고 할 수 있다. 왜냐하면 광범위한 경험적 연구들이 주요한 창작물들은 거의 대부분의 경우 복잡한 공동 작업을 통해 이루어졌음을 밝혔기 때문이다.
>
> (Sawyer & DeZutter 2009: 81)

우리가 여기에서 제시한 분석은 음악 공연 리허설이라는 특정한 상황에 대한 것이고, 이러한 분석은 비록 항상 달성할 수 있는 것은 아니지만, 공동의 음악 제작과 공동의 창조성을 더 잘 발생시킬 수 있는 환경에 대한 이해

를 도울 수도 있다. 우리의 접근은 제1장과 제5장에서 다룬 사회문화 이론
에 기반하며, 사회문화적 담론 분석의 방법이 적용되었다. 사회문화적 담론
분석은 제1장에서 설명하였는데, 특정 집단의 축적되고 공유된 지식과 (여
기에서는 음악 장르와 연주에 대한 지식) 언어의 중요성과 공동 목적들의
달성을 위한 다른 의사소통 도구들의 중요성을 강조한다. 저자들은 특히 음
악가들이 리허설 중에 공통의 음악 지식을 이용하거나 발전시키면서 어떻
게 대화를 통해 (다른 의사소통 수단들과 함께) 인터씽킹하는지에 대해 관
심이 있다. 이러한 관점은 음악가들이 공통의 목표를 추구하는 과정에서 발
생하는 논쟁과 갈등에 특히 잘 나타났다. 우리는 또한 음악 공연을 준비할
때 음악가들이 공동의 정당성을 부여하거나 신뢰를 형성하기 위해 언어를
다른 종류의 수단과 함께 어떻게 사용하는지에 대해서도 관심을 가졌다.

음악 리허설에 대한 사회문화적 관점

여기에서는 음악의 제작과 리허설 과정에서 대화가 사용되는 방식에 대해
주로 논의할 것이다. 물론 음악은 그 자체가 의사소통의 한 특정한 문화적
양식이다. 우리 연구에 포함된 몇몇 음악가들을 포함하여 음악가들은 보통
공동의 작업에서 협력을 달성하기 위해 악보나 서면으로 된 기호들을 이용
한다. 리허설에 대한 우리의 분석은 언어가 공동사고를 위해 특정 집단의
필요에 의해 이용되는 다양한 도구 중의 한 부분임을 명백하게 나타냈다(더
자세한 정보를 위해서 Littleton & Mercer 2012 참조). 제2장에서 설명하였
듯이, 특정한 분야나 집단은 그들만의 특수한 언어를 만들어 왔는데, 초보
자들은 이를 숙달해야만 한다. 음악에 있어서의 공동 창조성을 이해하기 위
해서는 밴드 구성원들의 대화뿐만 아니라 이를 지속시키는 (음악 연주를 포
함한) 다른 종류의 의사소통에 대해서도 분석해야 한다. 음악 연주는 리허
설의 최종 결과물일 뿐만 아니라 구성원들로 하여금 리허설 과정을 가능하

게 하며 지속시키는 의사소통의 한 양식이다.

즉흥 연주 중 재즈 음악가들의 의사소통

Fred Seddon(2004, 2005)은 즉흥 연주와 라이브 공연 리허설 중에 재즈 음악가들이 어떻게 의사소통하는지에 대해 연구를 수행하였다. 그는 여섯 명의 대학생 음악가로 구성된 그룹의 여섯 번의 리허설과 한 번의 라이브 공연을 관찰하고 기록하였다. 그는 특히 성공적인 공동 연주를 달성하기 위해 구성원들이 어떻게 서로에게 맞추는지에 대해 흥미가 있었다. 그는 연구에서 언어적 의사소통 방식과 비언어적 의사소통 방식을 구분하였다. 여기에서 비언어적 의사소통 방식은 시각적인 신호(특정 파트의 시작과 끝을 알리는 몸동작과 같은)와 음악적 의사소통을 포함한다. 또한 그는 표 3.1에서 살펴볼

| 표 3.1 | **재즈 음악가 간의 의사소통 방식**

의사소통 방식	언어적	비언어적
설명/지시	연주자들에게 원곡의 정해진 연주 방법(즉흥 연주가 아닌)에 대해 구두로 알려준다.	연주자들은 원곡의 정해진 연주 방법을 듣거나 악보로 읽는다.
협력	연주자들은 응집력 있는 공연을 달성하기 위해 공연 전에 구성에 대해 의논하고 계획을 짠다.	연주자들은 몸짓언어와 얼굴표정, 눈 맞춤, 음악적 신호와 동작을 사용하여 공감에 기반한 조율과 음악적 지식의 교환을 달성한다.
공동 작업	연주자들은 내용과 스타일을 발전시키기 위해 공연에 대해 의논하고 평가한다.	연주자들은 감정 이입적인 조율을 달성하고, 자연스러운 음악적 표현을 달성하기 위해 위험을 감수한다. 이러한 달성은 감정 이입적 창조성을 나타낸다.

출처 : Seddon 2004: 70

수 있듯이 대화를 설명/지시, 협력과 공동 작업으로 구분하는 것의 유용성을
발견하였다.

이에 대해 예시를 포함함으로써 Seddon이 분석한 분류에 대해 더 명확하
게 이해할 수 있다. 언어적 지시의 한 예로는 한 연주자가 곡을 어떻게 연주
할지에 대하여 의논을 아예 배제한 채 연주 방법에 관해 구체적인 지시나
지침을 내리는 것을 들 수 있다. 발췌문 3.1은 이 예에 관한 내용이다.

발췌문 3.1　언어적 지시

로라 : 좋아요. 지금 연주한 부분을 연주할 사람은 피트와 크리스입니다.

키스 : 두 번이요? 아니면…

로라 : 딱 한 번만.

언어적 협력적 의사소통은 구성원들의 업무에 대해 보다 민주적인 대화로,
이를테면 어떤 행동을 언제 할지에 대한 논의이다. 발췌문 3.2는 이에 알맞
은 예를 보여준다.

발췌문 3.2　언어적 협력

앤서니 : 그래서 어떻게 하는 거죠?… 언제 솔로가 나오는지 아시나요?

피트　 : 네…. 솔로 파트가 나오는 사이사이마다 고개를 끄덕이면 돼요.

앤서니 : 네, 네. 그런데 제 말 뜻은 그게 아니라 , 더… 더… 더요 … 더, 더,
　　　　더 [노래의 소절] … 그 부분이 당신 차례죠?

피트　 : 제일 앞부분이요. 그 더 … 더 … 더 … 솔로의 제일 앞부분이요, 네.

(Seddon 2003: 54)

Seddon은 이 장의 앞에서 소개한 Moran과 John-Steiner의 분류와 유사한 방
법으로 '협력'과 '공동 작업'을 구분지었다. Seddon은 '높은 수준의 창의적
과정'이 발생한다고 보일 때의 언어적 의사소통을 공동 작업적이라고 묘사

하였다. 공동 작업적 의사소통은 연주가 끝난 후 연주에 대해 평가하고 창조적인 변화를 제안하며 의논하는 것을 일컫는다. 이에 대한 예는 발췌문 3.3에서 찾아볼 수 있다.

발췌문 3.3 언어를 사용한 공동 작업

폴　　 : 난 솔로 부분에서 별로 느낌이 살지 않는 것 같아요 … 정말로…

크리스 : 즉흥적인 연주 때문에요?

폴　　 : 음, 전체적인 느낌이요… 전체적으로.

로라　 : 제 생각엔 아마도 전체적으로 더 빠르게 진행하면 어떨까요?

크리스 : 네.

앤서니 : 네.

폴　　 : 스윙으로 연주하고 싶지는 않은 거죠? … 스윙으로 연주하는 걸 원하나요?

키스　 : 제 생각엔 스윙으로 하는 건 불가능할 것 같은데요. 스윙으로 하면 완전히 다른 곡이 될 것 같아서…

(Seddon 2005: 54)

Seddon의 분석은 참여한 연주자들의 행동과 사용된 의사소통 방식 사이에 관계가 있음을 제시한다. 지시적인 방식은 곡의 리허설을 시작하기 위해 사용된 반면에 협업 방식은 구성원 간의 결속을 다지기 위해 사용되었다. 일반적으로 협업 방식은 가장 창조적인 단계에서 사용된다(Seddon 2004: 75).

세 밴드의 리허설 중 대화

저자들의 연구에서 우리는 Seddon의 용어 중 공동 작업의 의사소통 방식을 구성하는 특성이 무엇인지를 자세하게 분석하는 데에 특히 관심이 깊었다. 왜냐하면 이러한 방식이 밴드 구성원들이 새로운 곡을 작곡하거나 기존의 곡을 편곡하는 데에 있어 가장 생산적인 인터씽킹을 가능하게 하는 것으로 보이기 때문이다. 우리는 세 밴드의 일련의 리허설에 대한 심층 관찰(비디오 녹화와 오디오 녹음 및 필드 노트를 통해 기록된)을 분석하였다. 세 밴드모두 '비고전적인' 방식으로 유명한 곡들을 연주했다는 점에서 유사했고,새롭고 독창적인 연주 목록을 만들고자 하였다(이는 저자들이 관심을 가졌던 협동 작곡과 연주라는 측면에 적합했다). 즉, 이 세 밴드는 기존의 곡을정확하게 연주하는 것을 목표로 삼지 않았고, 심지어 고전적인 합주나 이를모방하는 밴드, 혹은 독자적으로 해석하여 '커버'하는 밴드들의 편곡을 따르려고도 하지 않았다. 세 밴드는 연주에서 그들만의 독특한 '소리'를 내려고 애썼는데, 이는 심지어 다른 사람들이 작곡한 곡을 연주할 때 역시 마찬가지였다. 또한 세 밴드는 상대적으로 민주적인 구조로 이루어져 있었고,리허설을 통해 즉흥 연주를 더하거나 편곡을 재검토하였다. 그러나 세 밴드는 흥미로운 방식으로 차이점들을 보였다. 대략 15세의 남자 네 명과 여자 한 명으로 구성된 한 밴드는 당시 '인디' 록음악으로 보통 알려진 곡들을연주하였다. 이들의 활동에 대한 자세한 내용은 Miell과 Littleton(2008)에서찾아볼 수 있다. 두 번째 밴드는 평균 45세인 세 명의 남성으로 이루어졌는데, 뮤지컬 공연을 준비 중이었다. 세 번째 밴드는 평균나이 52세인 세 명의남성과 한 명의 여성으로 구성되었으며, 어쿠스틱 컨트리나 루츠곡을 연주했다. 첫 번째 밴드의 구성원들은 아마추어인 데 반해, 다른 두 밴드의 구성원들은 프로이거나 준프로 연주자였다. 참여자들의 익명성을 보호하기 위해 모든 발췌문에서 우리는 참여자들의 이름과 특정 장소나 사건을 지칭하는 단어들을 임의의 단어들로 대체하였다. 우리는 각 밴드 중 한 명 혹은 그이상의 구성원들과 유대가 있었는데, 이러한 유대는 그들의 아주 개인적인일들에 대한 접근을 보다 용이하게 해주었다. 이러한 이유로 우리는 이 세밴드를 연구 대상으로 선택하였다. 이 연구는 답사적인 연구였기 때문에 밴드를 선택함에 있어서 특별한 선별조건은 없었다. 우리는 단지 공연을 최종 목적으로 하는 작은 밴드의 실제 리허설에 접근할 수 있는 것을 목적으

로 삼았다. 성인 밴드의 경우 우리는 실제 리허설을 '참관'함으로써 자료를
수집하였는데, 오디오 녹음기로 리허설 과정을 녹음하고 녹음에 추가적인
정보를 덧붙이기 위한 필기를 하였다. 때때로 밴드 구성원들을 인터뷰하기
도 했지만, 여기에서는 어떤 인터뷰 내용도 이용하지 않았다. 10대로 이루
어진 아마추어 인디밴드의 경우 우리는 밴드에게 디지털 캠코더를 주고 실
제 공연과 리허설을 촬영해줄 것을 요청하였다. 리허설은 그들로 하여금 기
존의 곡들을 연습하고 발전하게 하는 데 쓰였을 뿐만 아니라 공동의 작업을
통해 새로운 곡을 작곡하는 데에도 쓰였다. 우리는 밴드 구성원들이 각각
의 단계에서 비디오 촬영을 할 것을 권장하였다. 이는 그들의 대화와 연주
를 기록하고 나아가 (비디오 일기 방식으로) 구성원들의 리허설 과정에 대
한 평가와 곡을 만들고 발전시키기 위해 어떻게 협동했는지에 대한 논의를
포함하였다. 하지만 이러한 비디오 일기 자료는 여기에서는 사용되지 않았
다. 우리의 사례 연구 중 두 연구와 같은 마을에서 아마추어/준프로들의 음
악 작업에 대한 초기의 인류학적 연구를 수행한 한 저자는 노력에 비해 부
족한 경제적 보상을 받는 파트타임 음악가들의 열정과 전념에 대해 주목하
였다(Finnegan 2007). 여기에서 우리의 관심은 밴드 구성원들이 한 일들에
대한 반성적인 측면이 아니라 그들이 어떻게 리허설 중에 서로 조율했는지
이다. 세 밴드에 대한 관찰 중 매우 인상 깊었던 점은 모든 밴드가 리허설
에 적극적으로 관여하였다는 점이다. 협력을 통해 서로 동의한 버전과 해석
에 이르기 위해 새로운 곡이나 기존의 곡을 반복하여 연주하고 다시 돌려보
며 재작업하는 그들의 전념은 인상 깊었다. 이렇게 복잡한 처리 과정은 밴
드 구성원으로 하여금 끊임없이 그들 자신과 서로의 작업을 평가하게 한다.
밴드 구성원들은 주기적으로 의견을 표명했는데, 특정 곡이 진행 방식에 있
어 강력하게 주장을 펼치기도 하였다. 또한 밴드 구성원들은 곡 전체의 연
주나 특정 부분을 재작업할 때 주기적으로 개선과 수정을 위해 아이디어를
제시했다. 대안적 버전들을 검토하고 미묘한 차이들을 만들면서 구성원들

은 서로의 아이디어를 음악적으로 발전시켰다. 물론 함께 작업하는 어느 집단에서나 그러하듯이 개개인의 참여 정도는 동일하지 않았는데, 어떤 구성원들은 두드러지게 목소리를 높이거나 확신에 차서 주장을 하였다. 그러나 구성원들은 그들 공동의 공연을 뒷받침하게 하는 의견 일치에 이르기 위해 서로의 견해에 있어 어떠한 차이점이라도 있으면 이를 해결하기 위해 애썼다. 이는 아래의 예를 통해서 확인할 것이다. 발췌문 3.4 'E에 대한 불확신'은 음악극을 준비하는 밴드의 한 리허설에서 발췌하였다. 이 발췌문은 밴드 구성원인 놈, 피터와 키어런이 등장 인물들이 대사나 노래 없이 서로 상호 작용하는 장면에서 사용하기로 되어 있는 특정한 곡을 검토하며 시작한다. 놈은 기타, 피터는 키보드, 키어런은 베이스를 연주한다(이 합주단에는 다른 연주자들도 포함되어 있지만 이 곡에는 세 명 외에는 참여하지 않았다). 음악극의 리허설 중 이 특정 장면의 길이는 불명확했고, 따라서 장면에 필요한 음악의 길이 역시 불분명했다. 그러므로 이들이 리허설하고 있는 곡은 배우들의 연기에 따라 짧거나 길어질지도 모르는 반주로서 역할을 해야만 했다. 다음 발췌문에서 그들의 당면한 걱정은 어떻게 한 장면에서 다음 장면으로 넘어가고, 장면 길이의 변화에 따라 유연하게 음악의 길이를 조정할 수 있게 만드는 것이었다. 따라서 밴드는 일어날 수도 있는 만일의 사태에 대비한 계획의 수립이 필요하였다. 나아가 앞뒤의 두 노래 사이에 음악적으로 적합한 연결을 만드는 것도 문제였다. 그 장면을 위한 노래 바로 전에 사용하는 노래는 G장조인 데 반해 장면 다음에 사용될 곡은 A장조였다. 리허설이 진행됨에 따라 이 둘을 연결할 곡은 처음의 형태에서 계속해서 수정되었다. 따라서 아래의 대화가 녹화된 상황은 여전히 조율할 여지가 많은 상황이었다. E화음을 이용하면 자연스러운 전환이 이루어질 것으로 제안되었고, 발췌문 3.4에서 이 제안은 논쟁 중에 있다.

발췌문 3.4 E에 대한 불확신

놈   : E를 넣으면 좀 이상해질 거예요. (걱정스러운 말투로)

피터   : 우리가 사용할 코드에 관련해서만 생각해봅시다. 한 번에 하나씩만요.

놈   : 맞아요.

키어런 : 네.

피터   : E를 넣고 나면, 그, 그 길었던 A단조는 단순하게…

놈   : 네.

키어런 : 네, 그러면 우리는 필요한 만큼 많이 이 곡을 반복할 수 있어요.

놈   : 저는 아직도 E에 대해서 확신이 들지 않아요. (여전히 납득이 가지 않는
          다는 말투로)

키어런 : 그래요. 괜찮아요.

피터   : 전 맘에 드는데요.

놈   : 네, 이 부분만 빼면요. 왜냐하면 결국… (기타 소리로 증명해 보이며)

피터   : 네, 하지만 잠깐만요. 저는 E가 아니라 G코드를 사용해요.

놈   : 네, 네, 좋아요. 그럼 괜찮을 것 같아요.

키어런 : 한번 해보죠. 그러고 나서 바로 F로 바뀌는 거예요. (시도해본다.)

키어런 : 네, 제 생각엔 F와 G를 2배로 늘리니까 같은 마디 수가 된 것 같아요.

놈   : 네.

피터   : 맞아요.

이 발췌문은 놈이 곡들 간의 매끄러운 연결을 위한 방법으로 피터가 제안
한 E장조가 적합한지에 대한 그의 걱정을 드러내며 시작한다. 놈이 음악적
인 이유를 제시했는데, 그는 E장조의 음이 앞뒤로 이어질 코드와 잘 어울리
지 않는다고 생각했다. 다른 동료들은 이에 대하여 덜 염려하는 것처럼 보
이며, 피터는 이는 곡의 전체적인 맥락에서는 중요하지 않은 부분이라고 제
시한다. 키어런은 주어진 시간에 알맞은 길이로 곡을 작업하는 데에 더 신

경을 쓰는 것으로 보인다. 놈과 피터는 'E'코드에 대해 매우 상이한 견해를 보이는데, 놈은 그 코드가 어떻게 들릴지 실제로 연주해 보이면서 그가 염려하는 점을 설명한다. 즉, 언어를 뒷받침하기 위해 음악적 근거를 듦으로써 놈은 음악을 수사적으로 사용하였다. 이러한 과정은 피터로 하여금 'E'코드 전에 서로가 다른 코드를 사용하고 있음을 깨닫게 하였다(비록 E단조와 G장조에는 두 개의 같은 음이 쓰이지만 만약 E장조 전에 E단조 대신에 G장조를 사용하였더라면 다른 효과를 내었을 것이다). 키어런은 결국 나중에 사용하게 되는 G를 사용할 것을 제안하는데, 이는 결국 만족스러운 합의로 끝난다. 관찰한 모든 리허설에서 밴드 구성원들은 종종 다른 관점을 제시했고, 특정 견해의 정당성을 부여하기 위해 근거를 사용하였다. 이들의 인터씽킹은 대화에서 두드러지는데, 발췌문 3.4에 나타나듯 밴드 구성원들은 때때로 한 가지 이상의 의사소통 형식을 사용하였다. 따라서 음악은 공동 작업의 결과물로서만이 아니라 결과를 만들어 가는 데에 있어 (설득력 있는 의사소통을 하기 위해 언어와 함께 쓰이면서) 중요한 수단이었다. 가끔 무엇이 '옳은'지에 대한 뚜렷한 상호 인식과 함께 상대적으로 덜 직접적인 언급을 통해서 집단에게 호의적인 방식으로 이야기하는 것이 중요해 보였다. 발췌문 3.5는 다음 단계를 다루는데, 컨트리/루트 밴드의 한 리허설에서 발췌하였다. 이반은 메인 보컬로 기타도 연주하며, 칼도 기타, 맥은 바이올린, 폴라는 아코디언, 톰은 베이스를 연주한다. 발췌문은 이들이 절마다 아코디언이 특정한 음들을 정확하게 연주해야 하는 (음악가들이 '필 스타일' 또는 '리프 스타일'라고 부르는) 곡의 연주가 막 끝난 시점에서부터 시작한다.

발췌문 3.5 어려운 필

(연주가 막 끝나고 밴드 구성원들이 이야기하기 시작한다.)

맥 : (폴라에게) 이건 당신이 하기에는 너무 지나친 것 같은데, 그렇지 않나요? 제 말은 우리가 혹시⋯

이반 : (끼어들며) 그치만 그건…

칼 : (끼어들며) 제대로 되었을 땐 정말 좋았어요.

맥 : 제 말은 좀 더 단순하게 바꿀 수 있을 것 같다는 뜻이었어요.

톰 : 네.

맥 : (폴라에게) 제 말은 우리가 당신에게만 너무 많은 걸 요구하는 게 아닌
가 하는 의미였어요. (웃는다.) 그리고 우리가 좀 더 단순하게 할 필요
가 있는지도요. 있잖아요, 음…

이반 : 음, 우선 관객들 앞에서 한번 해보죠. 좀 단순하게 바꿔서…

맥 : 그래요. 어쨌든 아직은 그냥 아이디어니까.

폴라 : 네, 캐니언(공연 장소를 언급하면서)에서.

이반 : 그다음에 리허설을 더 많이 할수록 더 복잡하게 수정해볼 수 있을 거
예요.

맥 : 나는 뭐가 뭔지 잘 모르겠어요. 이게 문제라고요.

이반 : … 당신이 좀 더 편하게 하려고요.

폴라 : 겨우 2주밖에 남지 않았어요. 내가 필요한 건 내가 뭘 해야 할지 상기
시켜주는 거예요. 처음 악보를 본 다음부터 나는 아직도…

이반 : 음, 어떻게 생각하세요? 할 수 있을 것 같아요?

폴라 : 음, 제 생각에는… (한참 멈춘다.)

맥 : 아주 까다로워요. 그렇지 않나요? 변화가 너무 급격해요.

폴라 : 어려워요. 왜냐면 연습해본 적이 없으니까요. 다음 주가 지나기 전까
지는 수월해질 거예요. 내가 하면, 하면… (들리지 않음)

맥 : (필 부분의 음으로 노래한다.) 두 두 두 두우. 끝부분은 어때요? 네, 전체
를, 천천히.

폴라 : (필 부분을 원본 버전으로 연주한다.)

맥 : 있잖아요, (몇 개의 음을 연주한다.) 이렇게 할 수 있다면…

폴라 : 그게 더 잘 어울린다면요. (단순화된 필 버전의 음을 몇 개 연주한다.)

맥 : (밴드 전체에게) 해봅시다.

　　　(밴드는 곡 전체를 연주한다.)

칼 : 음, 그건… (들리지 않음) (몇몇은 계속 연주하고 있다.)

폴라 : 솔직히 말하면 리듬이 문제예요.

맥 : 제 말은 좀 더 단순하게 해봅시다. 이렇게 급격하게 변하는 걸 따라가기는 너무 힘든 것 같아요. 제 말은 제가 하는 바이올린 파트가 그저 끄적이는 것만 같이 느껴져요. (연주한다.) 왜냐하면 아시다시피 전부가 개방현이니까요.

폴라 : 뭐가 문제지요? 제 리듬이 잘못됐나요?

맥 : 아니요. 몇 번. 가끔 우리 연주를 살짝 느리게 만드는 것 같아요. 언제냐면요, 말하자면, 우리가 잘 따라가지 못하는 것처럼 보일 때요. 그리고…

폴라 : 솔직히 말하면 지난주부터 한 번도 연습하지 않았어요. 그래서…

이반 : (끼어들며) 음 3개만 사용할 수는 없을까요? (아르페지오로 D, B, F음을 노래한다.)

맥 : 저도 방금 그렇게 생각했어요. (연주한다.) 제 말은 우리가 좀 더 단순하게 만들 수 있는 다른 건, 어, 코드요. 세 번째. (다루고 있는 필보다 덜 복잡하게 2개의 음으로만 연주한다.) 있잖아요.

　　　(이 문제는 해결되지 않았고, 밴드는 다른 리허설을 시작한다.)

이 발췌문에서 우리는 밴드의 리허설에서 쉽게 겪게 되는 까다로운 이슈가 제기되고 의논되는 것을 확인할 수 있다. 이는 한 멤버의 관점에서 다른 멤버 중 한 명이 만족스럽게 연주를 하는지의 문제이다. 발췌문 3.5에서 맥은 폴라에 관련된 이슈를 제기하는데 의논 내내 끈질기게 이를 고수한다. 그는 좀 덜 복잡하고 일련의 '더 단순한' 음표가 편곡의 틈을 더 잘 메꿀 수 있다고 주장한다. 이를 위해 맥은 '단순', '더 단순한', '단순하게'와 같은 용어들을 반복해서 사용한다. 이반도 이 용어들을 골랐는데 '단순'을 한 번 언급했다. 폴라는 한 번도 이러한 용어들을 사용하지 않았지만, 필의 리듬이 문제라는 점은 받아들였다. 그녀의 입장에서는 현재 버전의 편곡을 소화하기 위해서는 단지 연습이 더 필요한 것으로 보인다. 발췌문 3.4에서 볼 수 있듯이 밴드 구성원들은 자신들의 주장을 뒷받침하기 위해 수사적인 방법으로 음악을 사용하였다. 그러나 여기에서 시범연주들은 주장을 받아들여지게 하지 못했고, 여전히 문제는 해결되지 않았다. 그럼에도 불구하고 이 발췌문은 집단이 인터씽킹을 하는 데에 어떻게 대화가 다른 의사소통 방식들과 함께 사용될 수 있는지를 잘 보여준다. 예를 들면 문제를 보다 뚜렷하게 만들고, 공동으로 문제를 검토하며 창의적인 해결책을 제시하고 함께 이를 검토함을 말한다. 이 발췌문에서 제기된 문제는 단 한 번의 대화로 해결되지는 않았지만, 이는 일반적인 것이다. 의논을 통해 고무된 다양한 밴드 구성원들은 리허설 후 각자 문제를 돌아보고 이후의 회의에 새로운 제안을 제시했다. 제1장에서 설명했듯이, 인간의 사고는 사회적 상호작용과 개인적인 인지 사이의 활발한 관계라는 점이 특징적이다. 리허설 관찰을 통해서 우리는 밴드 구성원들이 끊임없이 공동의 평가에 계속해서 관여함을 발견했다. 이를 통한 목적은 연주를 위한 기반으로서 합의에 이르는 것이었음에도 불구하고, 가끔은 특정한 구성원 한 명을 비판의 대상으로 지목하면서 상호작용이 지나치게 감정적이며 대립적이 되기도 하였다. 더욱 극단적인 예는 10대들로 이루어진 밴드 사이의 상호작용을 보여주는 발췌문 3.6에서 찾아볼 수 있다. 리허설 중 그들의 언급은 자주 직접적이고 직설적이었는데, 격렬하게 비판적인 지적과 노골적인 음악적 평가가 수반되었다. 멤버들은 때때로 서로의 연주와 창의적인 기여에 대해 극도로 비판적이 되면서 Stroney와 Joubert(2004: 46)가 '치명적인 대립'이라고 명명한 모습들을 보였다. 발췌문 3.6에서 밴드는 새로운 곡에 대해 작업하는 중이며, 댄은 잭의 "댄이 잘못된 음을 연주하고 있다."와 "처음부터 잘못된 음을 연주했다."라는 비난적인 발언에 대해 자신을 방어하고 있다.

발췌문 3.6 잘못된 음

댄 : 방금 내가 잘못된 음을 연주한다고 한 거야?

잭 : 음, 그래. 아마도 부정확한 것 같아.

리 : 너희 둘만 따로 연주해보자.

잭 : 그래, 해보자.

댄 : 난 내가 이전에 하던 대로 연주했다고 확신해.

잭 : … 그럼 소리가 제대로 나는지 내가 한번 볼게.

댄 : 아니야. 튜닝의 문제가 아니야. 음 탓인 게 분명하다고. 하지만 난 저번에 하던 대로 연주했을 뿐이야.

잭 : … 어, 네가 그랬을 리 없어.

댄 : … 어, 나는 그랬다고…

잭 : … 그랬으면 우리가 들었겠지.

댄 : 맹세코. 맹세코 그랬다고.

잭 : 넌 처음부터 잘못된 음으로 연주했어!

댄 : 난 아니라고!

잭 : 미치겠네… 맞게 연주한 것처럼 들리지 않는다고!

댄 : 음, 그게 내가 전에도 연주한 거야.

잭 : 음, 우린 뭔가 새로운 걸 해야만 해.

댄 : 제대로 한번 해보자.

잭 : 제기랄!

(밴드는 같은 곡을 처음부터 다시 연주하려고 한다.)

발췌문 3.6의 대화는 단언을 하고 이에 대해 반박함으로써 논쟁적인 대화와 유사한 점들이 많은 것처럼 보이지만 ("네가 그랬을 리 없어", "나는 그랬다고."), 탐구 대화의 특징 역시 가지고 있다. 이 둘은 서로에게 질문을 하고 그들의 발언과 행동에 정당한 이유를 제시하고자 하였다("아니야. 튜닝의 문제가 아니야, 음의 문제라고", "그랬으면 우리가 들었겠지."). 또한 대체적으로 공동의 목표를 달성하기 위해 합의를 구하고자 하였고("음, 우린 뭔가 새로운 걸 해야만 해."), 강렬한 상호작용에도 불구하고 밴드 구성원 사이의 협력은 무너지거나 이후에 폭력적으로 변하지도 않았다. 이러한 논쟁적 대화들은 협업 관계에 어떤 지속적인 피해도 입히지 않았고, 때때로 이러한 갈등은 이후 창조적인 돌파구를 마련하게 하거나 구성원들로 하여금 유용한 재작업이나 재연주의 기회를 제공하였다(이 사례에서 나타났듯이). 무언가 '작업'하는 데에 대한 공동의 이해를 형성하는 것은 종종 달성하기 어려웠다. 또한 합의에 도달하기는 했으나 둘 다 같은 수준으로 합의를 지지하지는 않았으며, 이 합의는 깨지기 쉬워 보였다. 앞에서 언급하였듯이 여기에서 소개하는 세 밴드 모두 정도의 차이는 있으나 전통 방식을 따르는 고전적인 연주보다는 즉흥적인 연주 방식이라는 측면으로 작업을 하였다. 다양한 형식을 이용하는 모습은 음악극 밴드와 루트 밴드가 악보와 '차트'(메인 코드, 편곡 방향과 리허설에서 발전시킨 다양한 공연 관련 메모들)를 결합하여 일한 것에서도 잘 나타난다. 록밴드 또한 코드와 동의된 편곡을 이용했지만, 그들은 기존의 방식에 '들어맞을 수 있는' 어떠한 방식도 찾으려고 하지 않았다. 그 대신 밴드는 그들만의 독특한 소리를 만들기 위해 다양한 장르의 음악들을 실험해보고 적용하였다. 발췌문 3.7에서 볼 수 있듯이 이렇게 밴드가 자신만의 색깔을 만들려는 목표는 리허설 중에 나누는 대화에 잘 나타났다.

발췌문 3.7 너무 펑키함

잭 : 별로 좋게 들리지 않는데? … 소리가 좀, 지나치게 펑키한 것 같아.

매트 : 난 잘 모르겠어. 분위기가 너무 바꼈는데.

잭 : 바꼈다고?

매트 : 응, 밴드의 느낌이.

잭   : 그건 좋은 건 아닌데.

매트 : 맞아, 내 생각에도.

이 발췌문은 이러한 종류의 창조적인 협동이 참여자들의 암묵적인 이해에 상당히 의존하고 있음을 잘 보여준다. 발췌문 3.7에서 밴드의 분위기와 느낌을 변하게 하는 소리는 '옳지 않은 것으로' 받아들여지지 않았다. 심지어 그 소리가 원칙적으로는 이점이 있을지도 모르지만, 소리가 밴드가 추구하는 독창적인 음악 스타일에 부합하지 않기 때문에 밴드는 이와 같은 결정을 내렸다.

다른 예술 분야 간의 공동 작업

제2장에서는 두 가지 분야나 둘 이상의 다양한 분야의 전문가들이 자신들의 분야를 살리면서 공동의 목적을 달성하기 위한 협동에 대한 앤 에드워즈의 연구에 대해 논의했다. 여기에서는 이와 비슷한 주제를 미술 전공 학생들의 협업에 대한 엘리자베스 돕슨(2012)의 최신 연구를 통해 살펴볼 것이다. 이 연구는 그녀의 박사학위 연구로 개방대학에서 저자 중의 한 명과 수행되었다(Dobson, Flewitt, Littleton & Miell 2011 참조). 이 연구는 네 명의 학부생(연극, 춤, 디지털 비디오 및 음향 기술 등 다양한 전공 분야의)이 12주에 걸쳐 음악과 춤을 포함한 10분짜리 영화를 제작하는 데에 초점을 두었다. 저자들의 사회문화적 관점과 유사한 관점을 적용하여 돕슨은 학생들이 문화적 도구로써의 언어와 컴퓨터 기반 기술들을 공통의 목표를 달성하기 위해 어떻게 이용하는지에 대해 관심이 있었다. 제2장에서 우리는 직업에 기반한 특정 전문 분야의 집단 내에서 참여자들이 해당 분야와 전문 언어들에 대하여 능통하고 이미 공유된 배경지식을 짧은 전문용어로 치환할 때 공동 작업

의 효율이 극대화될 수 있음을 시사하였다. 돕슨의 연구에서 학생들은 같은 전공 학생끼리 짝을 지었기 때문에 기술적인 언어들을 쉽고 효율적으로 사용할 수 있었다. 발췌문 3.8은 두 음대 학생(리암과 존)의 대화이다.

발췌문 3.8 동료 간의 친숙함

리암 : 어쩌면 내가 소닉 아트 작품을 제작할 때 네가 와서 내가 작업하는 모습을 한번 보는 게 도움이 될 수도 있어. 내가 플러그를 어떻게 이용하는지.

[너한테 보여만 주면 돼.]

존　 : [오 내 생각이랑 같아.] 맙소사.

리암 : 좋아. 그러면 우리가 할 일은…

존　 : 내가 참을성 없는 것 알잖아.

리암 : 아니야. 하지만 그냥 그렇게 하자. 왜냐면 넌 이미 큐베이스가 뭔지 아니까, 넌 (들리지 않음) 할 수 있어.

존　 : 그래, 그래. 누엔도는 괜찮을 거야, 그래.

리암 : 넌 진짜 팬, 괜찮을 거야.

존　 : 에…

리암 : [하지만] 그럼 너 혼자 가서 일해야 돼.

존　 : 물론 문제없어. 내 말은 내가 하고 싶은 건, 내가 하려는 말은, 악보를 쓰고 그다음 악보에 대해 함께 일하는 거야.

(Dobson op. cit.: 159에서 발췌)

발췌문 3.8에서 우리는 음악 녹음을 위한 소프트웨어의 종류들을 얘기할 때 (큐베이스와 누엔도), 학생들이 간접적으로 서로의 기술적인 지식을 전제하고 있음을 볼 수 있다. 그러나 이들은 함께 일하는 데에 있어 효율을 높일 수 있는 모든 관련 지식을 서로 공유하고 있지는 않다. 돕슨이 탐구한 주제

중 하나는 다른 배경의 학생들이 서로 다른 지식과 경험에서 발생하는 의사소통에 있어서의 문제점들을 어떻게 극복하는지였다. 이 학생들은 이전에 함께 일해본 적이 없으며 그들이 수행할 작업의 토대가 될 기존의 공유된 틀을 가지고 있지 않았다. 이들은 공동 작업을 달성하기 위해 새로 '공유된 지식'과 효율적인 대화 방법들을 만들어야 했다. 이렇게 공동된 이해의 기반을 마련하는 과정에는 필연적으로 시간이 걸리지만, 돕슨이 기록한 특별한 상호작용을 통해 달성될 수 있다. 이는 때때로 단지 파트너 중의 한 명이 그가 가지고 있지 않은 정보를 상대방에게 요청하는 방식인데, 이는 협동 작업을 위해서는 반드시 필요한 부분이다. 발췌문 3.9에서 음악 전공 학생 리암은 춤을 전공하는 케스에게 공연할 때 필요한 공간에 대해 물어본다. 다음의 발췌문을 읽을 때 리암의 요청에 케스가 어떻게 응답하는지를 눈여겨보자.

발췌문 3.9 공동 작업자의 지식과 상호작용의 선택

리암 : 얼마나, 아, 미안. 너 춤출 때 공간이 얼마나 필요해? 만약에 방 하나 정도의 공간을 주면 너무 제한적이야? 아니면 움직일 만한 여유가 충분해?

케스 : 상황에 따라 다르지.

리암 : 응.

케스 : 이렇게 솔로로 안무를 하면.

리암 : 응.

케스 : 말 그대로 한곳에서만 다 출 수 있어. 이동하지 않을 거야.

리암 : 응.

케스 : … 정사각형으로.

리암 : 그래.

케스 : 하지만 사실 아무 데나 상관없어.

리암 : 그래.

(Dobson op. cit.: 149에서 발췌)

당신은 케스가 대답할 때 매우 뚜렷하거나 많은 정보를 주고 있지 않다는
데에 동의할지 모른다. 사실 더 중요한 것은 리암이 어떤 분위기로 답하느
냐이다. 대조적으로 돕슨은 이 예시(발췌문 3.10)에서 그녀의 연구에 참여한
학생들이 어떻게 무비판적이며 열린 방식으로 서로의 아이디어를 공유하여
공동의 기반을 다지는지를 보여준다.

발췌문 3.10 누적 대화 : 지식 공유와 창조

디   : 내 생각에 마지막에 너는 소리를 질러야 돼. S가 들어가는데 뭔가 비
       명을 지른다거나, 뭔가 그런 것. 어떤 우주에서나 날 것 같은 정말 기
       괴한 소리. 알지?

케스 : [내 생각에는] 웃음소리, 내 생각에는 웃음소리가 꽤나 오싹할 것 같아.

디   : [그래]

케스 : (이해 불가)

디   : 그러고 나서 등뼈나 등줄기가 오싹해지고, 그러고 나면 우리가 만든
       터널 같은 걸 지나서 나오는 거지.

존   : 그래. 그걸 부르는 특정한 단어가 있나, 에…

디   : 나뭇잎. [뭐라고?]

존   :   [뭐 그런 것]

케스 : 방금 뭐라고 했어? 특정한 단어가 있어?

존   : 그래, 시나 뭔가 그런 것. 여기에 적절한 게 뭔지 모르겠어.

케스 : 그래, 내가 말했잖아. 내가 말한 건 아무 소리도 나지 않다가 내가 말
       한 것처럼 갑자기 너만 소리지르는 게 진짜 재미있을 것 같아.

존   : 우리는 말을 하면서도 뭔가 재밌게 할 수 있을 거야.

(Dobson op. cit.: 162에서 발췌)

우리는 제1장에서 집단으로 작업하는 취학 아동들의 다양한 대화 방법을 설명하기 위해 저자들과 다른 동료들이 이용하는 대화의 세 가지 유형을 소개하였다: 논쟁·누적·탐구 대화. 돕슨의 분석에서 그녀는 이러한 '공동 지식 확립' 과정 대부분의 대화가 누적 대화임을 발견했다. 왜냐하면 참여자들이 무비판적이며 열린 방식으로 아이디어와 정보를 서로 교환했기 때문이다. 이는 위의 발췌문 3.6에 나타나듯이 때때로 질문에 대한 응답도 있었지만 처음에는 대부분이 단지 관련 정보를 제공하는 형태로만 나타났다. 그러나 프로젝트가 진행됨에 따라 돕슨은 이 누적 대화가 협동 작업했던 기억을 상기시키는 것을 발견했다. 그녀는 다음과 같이 언급했다. "누적 대화에서 이루어진 협동은 소급적으로 그들의 과거 경험에 달려 있었다."(270) 그녀는 또한 학생들이 이전에 공동으로 한 말이나 행위를 참고하였는데, "학생들은 끊임없이 이전의 공헌들을 발전시키고 풍부하게 하였다."(270)라고 언급하였다. 즉, 학생들의 대화는 과거뿐 아니라 미래에 있을 학생들의 공동 경험을 구현하였다. 그러므로 이러한 대화는 인터씽킹과 공동의 행위를 추구하는 데에 도움이 되는 일시적인 틀을 마련하게 해주었다고 볼 수 있다.

대화와 창조적인 인터씽킹

이 장의 도입부에서는 특정 집단의 구체적인 사례에 대한 분석을 소개하였다. 음악 연주 분야에서만 고려한다고 해도 우리가 분석한 사례들이 모든 예술 분야에서의 창조적인 공동 작업의 과정을 대표한다고 할 수는 없을지도 모른다. 이 장의 도입부에서 언급하였듯이, 어떤 예술적 공동 작업에는 반드시 모든 창의적인 협력자가 동시에 참여할 필요는 없다. 창조적인 팀 내에서 어떤 한 사람이 뚜렷하게 권위적인 역할을 수행하거나 모든 참여자가 최종 결과물에 대해 공식적으로 확인할 필요가 없을 수도 있다(예 : 영화를 찍을 때나 연극 혹은 클래식 연주를 공연할 때와 같은). 그러나 우리는 일반화할 수 있는 특성들을 찾을 수 있음을 제안한다. 어떤 공동의 창조적인 작업이든 오랜 시간 동안 공유된 집단의 지식과 (우리가 사용한 예에서는 음악 장르, 표기법 및 연주 방법과 같은) 사회적 및 심리적 언어의 사용으로 예측 가능하다는 점이다. 게다가 이러한 도구는 보통 다른 의사소통 양식과 함께 사용된다. 우리는 이 장에서 음악가들이 다른 구성원들을 설득하기 위해 언어와 함께 연주를 수사적으로 이용하는 것을 목격하였다. 어떤 예술 영역에서든지 조화를 위해 사용되는 다양한 의사소통 방식을 이해한다면 어떻게 특정한 예술 분야에서 공동 작업이 이루어지는지를 이해하는데에 도움이 될 것이다. 또한 우리는 창조적인 공동 작업의 성공에 대하여 긴장이나 분쟁이 가진 잠재적인 중요성도 다루었는데, 이 또한 일반적인 특성을 발견할 수 있다. 다른 연구자들 역시 긴장이나 분쟁이 성공적인 협업에 역할을 할 수 있음을 강조하였다(Eteläpelto & Lahti 2008). 이러한 연구들이 창조적 공동 작업에 있어 일반적으로 시사하는 점을 설명하며 Moran과 John-Steiner(2004)는 다양한 견해에 대해 고려하는 것보다 합의를 유지할 것을 강조하는 편이 창조성을 더욱 침체시키는 경향을 보인다고 하였다. 이는 우리가 암시적으로 제시했던 '바람직한' 협력관계에 대한 가정들에 대해서 의문을 제기한다. 물론 심미적인 부분에서의 의견 불일치는 지장을 초래할 수 있고, 밴드의 분열을 초래하는 흔한 이유로 보이지만, 아무런 갈등 하나 없이 성공적인 창조적 공동 작업을 달성하는 것이 가능할까? 비록 일부에 불과하더라도 우리의 연구 결과가 협동적인 공동 작업의 일반적인 특성들의 일부를 정확하게 묘사했다면, 이는 협동적인 공동 작업을 이해하기 위해서는 의사소통 과정과 그 기능에 대한 이해가 필수적임을 의미한다.

세 가지 대화유형

발췌문 3.6에 나타난 록밴드의 리허설에 대한 연구 분석은 밴드의 대화가 논쟁 대화와 탐구 대화의 특성들을 나타냄을 밝혔다. 때때로 밴드 구성원들의 대화는 단언하고 이에 대해 반박하는 등 논쟁적이었으며 대화의 대체적인 분위기는 협동적이라기보다는 대립적이었다. 그러나 밴드는 질문하고 근거를 제공하며 문제해결을 위한 방법들을 제안하며 탐구 대화에 쓰이는 논리적인 토론의 특징도 보였다. 흥미롭게도 돕슨은 활발하게 공동의 지식을 생산하는 데에 있어 누적 대화의 역할이 매우 중요하다고 평가하였다. 왜냐하면 이는 세 가지 대화 유형 중에서 누적 대화가 (무비판적이고 공유를 강조하는 성격이) 쉽게 '실패한' 탐구 대화라고 (활발하게 비판하며 논거를 이용하는) 잘못 이해될 수 있기 때문이다. Dillon(2004)은 컴퓨터 기반 기술을 사용해 음악을 함께 만드는 13~14세 아동에 대한 연구를 하였다. Dillion은 창조적 공동 작업을 위해 애쓰는 아동들이 탐구 대화의 특징인 비판이 결여된 누적 대화를 주로 사용하는 것을 발견하였다. 그녀는 전형적인 탐구 대화는 새로운 음악을 만드는 것과 같은 '열린' 창조적 노력보다는 논리적이며 '닫힌' 문제해결 상황에 더 적합하다고 제시했다. 공동 작업의 창조성에 대한 저자들과 동료들의 연구(Vass, Littleton, Miell, & Jones 2008; Rojas-Drummond, Littleton, Hernandez, & Zúñiga 2010) 역시 같은 결론을 도출하였다. 대화를 위한 '기본 규칙' 중 "아이디어는 비판 없이 듣고 표명한다."와 같은 규칙은 유용한데, 특히 공동의 창조적 작업 중 특정 단계에서 더욱 유용하다. 예를 들어 제일 처음으로 할 일에 대해 집단이 논의하는데, 어떤 지식이 관련이 있으며 공유되어야 하는지를 결정해야 할 때이다. 탐구 대화를 확장한 이후에 집단이 단지 자신들의 과업과 동의한 것들을 기록하고자 할 때는 누적 대화 또한 가끔 효과적일 수 있다. 이러한 시점을 '탐구적' 종류의 대화가 '누적' 종류로 바뀌는 과정이라고 볼 수도 있다. 누적 대화를 빈약한 탐구 대화라고 보는 관점에서 논쟁 대화는 그저 심술궂은 시간 낭비일 뿐이다. 누적 대화 또한 긍정적으로 작용할 수 있는데, 예를 들면 이 장의 초반 발췌문 3.6에 나타났듯이 의견 충돌을 유발한 부분을 강조하거나 더욱 효과적인 협력을 위해 참가자들에게 '울분 발산'의 기회를 제공함으로써이다. 그러나 이는 건설적인 상호작용보다는 장애물로 보인다. 우리는 세 가지 대화의 유형이 학생들의 사례뿐만 아니라 이를 넘어 다른 집단의 협업 과정을 이해하는 데에도 가치가 있다고 제안한다. 또한 여기에서 소개된 예시들이 세 가지 대화의 유형 중 하나에 반드시 일치하지 않는다는 사실이 세 가지 대화 유형의 가치를 훼손하지는 않는다. 제1장에서 설명하였듯이 이 세 가지 대화 유형은 인터씽킹을 가능하게 하는 모든 구어의 방식을 정확하게 표현하기 위해서 만들어진 것이 아니다. 세 가지 대화 유형 기술의 목적은 대화의 다양한 실용성에 대한 경험적 도구로써이다. 세 가지 대화 유형은 인터씽킹을 위해 대화가 어떻게 사용되는지에 대한 이해에 유효한 초기적 틀을 제공한다. 왜냐하면 이 세 가지 유형은 파트너들이 얼마나, 특히 얼마나 효율적으로 자신들의 지식적 자료를 공유하고 그들의 협업에 대하여 추론을 하는지에 중점을 두기 때문이다. 앞에서 다룬 Seddon이 정립한 지시적, 협력적, 공동 작업 의사소통 양식과 같은 다른 종류의 분류 역시 다른 주제를 다루는 데에서는 더 적합할 수 있다. 예를 들자면 Seddon은 공동 음악 공연에 개인들이 어떻게 기여하는지에 대해 특별히 관심이 있었다. 언어의 사용에 대한 특정하고 구체적인 분석 방법들은 이와 관련된 연구 문제에 답할 수 있도록 만들어져야 한다.

다른 방식의 의사소통

다양한 의사소통 방식이 장의 앞부분에서는 음악가들 사이에서 언어적 및 비언어적 의사소통 방식에 대한 Seddon의 분석을 다루었다. 그가 발견한 비언어적 표현의 한 예는 '음악적 신호'로, 이는 공연 중에 재즈 연주자들이 협주를 통해 서로 사인을 주고받는 것을 말한다. 그러므로 음악은 연주자가 관객에게 감정적 혹은 인지적으로 반응하는 보통의 방식을 뛰어넘는 의사소통의 역할을 한다. 저자들의 연구는 음악이 인터씽킹을 위한 부가적인 재원들을 제공함을 밝혔는데, 왜냐하면 음악은 주장을 하는 데에 있어 (혹은 최소한 주장을 뒷받침하는 데에 있어) 수사적으로 쓰일 수도 있기 때문이다 (예 : 발췌문 3.4). 이러한 방법을 통해 우리는 구어 방식과 다른 방식의 의사소통 수단들이 조화롭게 함께 쓰일 수 있음을 찾아볼 수 있다.

언어학자 Gunther Kress(2010)는 인간 의사소통의 다양한 방식을 연구하는 데에 있어 주도적 역할을 해왔다. 그는 다양한 방식이 ─비언어적 의사소통으로서 시각적과 청각적 방식과 언어적으로서 구어와 문어를 포함한 ─본질적으로 '행동 유도성'을 띤다고 하였다. 이는 어떤 한 방식이 특정한 형식의 의미나 메시지를 전달하는 데에 특히 적합할 수 있음을 의미한다. 예를 들어 그림에서 시각적 요소들은 지도나 풍경에서 대상들의 상대적인 위치나 거리에 대해 의사소통할 때 적합하다. 이전에 논의한 음악 리허설에서와 같이 어떤 소리가 날지 신속하게 증명하는 데에 있어서는 노래 부르기나 연주해보기가 어떤 기호나 문자들보다 훨씬 효과적이다. 특정한 집단의 작업에 있어서 방식은 특별한 '기능'을 가진다. 예를 들어 법조계에서는 주장을 펼치기 위해 구어 방식을 이용하는 것이 일반적이지만(법정에서와 같이), 서면으로 통합된 결정만이 구속력이 있는 것으로 여겨진다(계약서에서와 같이). 따라서 조합을 통해 방식들은 '신호를 만들기 위한', 나아가 '의미를 창조해낼 수 있는' 조건들을 나타낸다. 표 3.2가 보여주듯이 우리는 대화와 음악이라는 두 가지 다른 방식들을 대조해볼 수 있다. 표에는 리허설을 분석한 저자들의 연구로부터 대화와 음악 각각의 행동 유도성과 기능들이 포함되었다.

공통 지식의 두 가지 유형

다른 모든 대화와 마찬가지로 밴드의 리허설 과정에 발생한 대화는 이미 확립된 공동의 지식에 기반하였고, 필연적으로 이러한 공동 지식의 확장이 수반되었다. 리허설에 참여한 밴드 구성원들은 언어를 통해 자신들의 현 시점에 대한 이해와 지향점을 끊임없이 변형시키면서 과거의 협력으로부터 미

| 표 3.2 | 공동 활동을 위한 의사소통 방식으로써의 대화와 음악

방식	대화	음악
행동 유도성	• 아이디어의 명시적인 제시 • 특정한 상황과 집단의 공유된 특별한 목적에 유연한 적응성	• 시간적 인과관계와 음색의 표현 • 특별한 상황과 (특정한 합주단과 같은) 문화를 바탕으로 공유된 심미적 규범과 관습에 유연한 적응성
특별한 기능들 (밴드의 리허설 상황에서)	• 사회적 관계의 관리 • 집단의 과거 경험 상기시키기 • 특정 개인에게 직접적인 지시 내리기 • 변화를 위한 계획과 주장 제시 • 개개의 목적을 달성하기 위한 수사적 노력 • 연주에 대한 책임	• 제안된 음악적 특징들의 시연 • 음악적 아이디어를 연습을 통해 시험해보기 • 문제가 있는 부분들과 이에 대해 가능한 해결책의 시연 • 한 참여자가 다른 참여자에게 '올바른' 연주를 시연 • 다른 사람들에게 해야 할 행동을 알려주는 신호

래의 협력으로까지 함께 나아갔다. 이를 위해 구성원들은 대화를 위해 전후의 맥락을 고려한 기반을 구축할 필요가 있었는데, 이러한 기반을 구축하기 위해서도 역시 대화를 이용하였다. Gee와 Green(1998)은 이러한 언어의 측면을 '성찰'이라고 이름 붙였다. 공동의 창조적인 작업을 가능하게 하는 대화에 관심 있는 사람은 대화의 성찰과 어떻게 시간에 걸쳐 공동의 재원으로서 언어가 지식이 발전되었는지를 반드시 고려해야 한다.

만일 어떤 집단이 여러 번의 회의를 통해 공동의 창조적인 성과를 달성하기 위해 애쓴다면, 이 과정에서 점진적으로 인지적 및 사회적 재원이 축적되고 정제될 것이다. 우리는 이러한 회의들에서 관측하였듯이, 보통 반성적인 검토 또한 수반될 것이다. 돕슨의 연구는 한 집단의 행동을 12주에 걸쳐 관찰했기 때문에 인터씽킹에서 중요한 시간적인 측면에 있어 귀중한 통찰을 제공한다. 그녀가 발견한 핵심적인 내용 중 하나는 '공통 지식'으로 이는 구성원들이 공통적으로 알고 있는 내용을 의미한다. 리허설과 연주에서 성공적인 참여를 달성한 한 집단이 두 가지 종류의 공통 지식에 의존했음을 통해 우리는 공통 지식에 대해 더 깊이 살펴볼 수 있다. 한 종류는 집단의 활동을 통해 축적된 지식으로 참여자들이 다른 구성원들과의 관계에서 자기 역학을 이해하기 시작하는 것을 말한다. 달리 말하자면 구성원들이 자신들이 가지고 있는 스타일을 그들에게 놓여진 '공간'에 맞게 적응시키는 방법을 배우는 것이다(관련된 성격을 고려하며). 이러한 공유 지식은 역동적 공통 지식이라고 부를 수 있다. 왜냐하면 이러한 지식은 한 집단 고유의 확장된 활동의 역동성에서 발생하기 때문이다. 또한 이러한 역동적 공통 지식은 그들이 리허설에 사용하는 특정한 곡에 대한 이해의 증대와 이전에 이미 의논한 적이 있는(이상적으로는 이미 동의한) 심미적 기준들을 포함한다. 이러한 새로운 지식의 생산을 가능하게 함에 있어 우리가 누적 대화라고 부르는 대화의 특성들이 얼마나 중요한지는 돕슨의 연구에 잘 나타난다. 그러나 어떤 합주든(아마도 창조적인 공동 작업 대부분에 있어) 성공하기 위해서는 역동적 공통 지식뿐만 아니라 우리가 공동 배경지식이라고 이름 붙일 상식이 필요하다. 공통 배경지식은 기존의 모든 집단 구성원들이 다른 구성원들과 공유하는 것을 당연하게 여기며, 따라서 이렇게 공유를 기본으로 하는 구성원들끼리 함께 일할 때는 기본 규칙들을 일일이 설명할 필요가 없는 것을 일컫는다. 공통 배경지식은 특별한 기술적 담화를 능숙하게 진행하는 데에 도움이 되며, 이는 발췌문 3.8에 나타난 돕슨의 두 학생이 나눈 대화와 같은 성격의 대화를 가능하게 한다(이들은 큐베이스와 누엔도에 대해 서로 알고 있다고 짐작하였다). 이러한 대화는 현재 활동 이전에 쌓인 어느 정도 수준의 기술과 이해를 요구한다. Sawyer는 아래와 같이 언급했다.

많은 사람들이 재즈 음악가들이 아무런 제약 없이 자유롭게 자신들의 머리

에 떠오르는 것을 연주한다고 생각한다. 그러나 가장 자유로운 즉흥 연주자
조차도 음악적 전통 범주 안에서 연주하며, 편곡을 위해서는 전통적인 방식
을 반드시 먼저 배워야 한다.

(Sawyer 2012: 337)

앞에서 다룬 Seddon의 재즈 음악가 연구는 두 종류의 공통 지식이 관련되
어 있음을 강조한다. 효과적인 편곡을 달성하기 위해서 밴드 멤버들은 서로
의 공통 배경지식과 실력을 신뢰해야 한다. 이를 통해 밴드는 각자의 연주
에 몰입할 수 있다. 또한 그들은 합주에 각 연주자가 무엇을 추가할 수 있을
지에 대해 배워야 하는데, 이를 통해 각 연주자는 다른 연주자들과 조화롭
게 연주할 수 있다. Seddon은 이러한 종류의 역동적인 공통 지식의 발달이
감정적이며 개념적 요소를 포함하기 때문에 '감정 이입적 조율'이라고 명명
하였다(Seddon 2004, 2005).

비록 개념상으로는 역동적 공통 지식과 공통 배경지식을 분류하는 것이
유용할 수 있지만, 이 두 가지 공통 지식은 어떤 집단에서든지 독립적으로
존재하지 않는다. 집단의 활동에 의해 시간에 걸쳐 생겨난 새로운 지식이나
기술은 다음에 집단이 같은 일을 할 때 공통 재원이 되거나 심지어 더 나아
가 유사한 집단 전체의 지식 재원으로 통합될 수도 있다. 집단 내에서 어떤
구성원들은 자신들의 배경지식을 다른 구성원들에게 명확하게 설명하고 공
유해야 할 필요가 있는데, 돕슨의 연구에서처럼 다양한 전문가들 사이의 협
업이 그 예이다.

결론

이 장에서는 음악 공연 리허설과 서로 다른 예술 분야끼리의 공동 작업에서
인터씽킹 과정에 대해 살펴보았다. 우리가 소개한 연구들은 집단들이 대화
의 진행에 따라 어떻게 아이디어를 발견하고 평가하며 발전시키는지를 밝

혔다. 또한 이 연구들에서 언어 외의 다른 의사소통 수단들이 개인들의 공동의 창조성 촉진에 중요한 역할을 함을 알 수 있었다. 그러나 이러한 연구는 단지 우리가 제1장에서 소개한 견해에 대한 근거일 뿐 인터씽킹을 가능하게 하는 데에는 여전히 언어가 주요한 수단이다. 다시 한 번 말하자면 이러한 연구를 통해 우리는 아이디어를 발전시키고 검토할 수 있게 하는 탐구 대화의 가치와 중요성을 다시 한 번 확인할 수 있다. 또한 이 장에서 소개된 연구들은 역동적 공통 지식과 공통 배경지식의 상호작용을 통해 공동의 이해를 위한 기반을 무한히 확장할 수 있음을 보여준다. 이러한 이해는 미래의 대화를 결정하고, 경험의 축적에 기여하며, 결국 공동 작업과 인터씽킹의 맥락적 바탕이 된다.

제 4 장

디지털 테크놀로지와 인터씽킹

서론

디지털 기술이 어떻게 대인 커뮤니케이션을 '변형'하고 '혁신'하는지에 대한 많은 논의가 있었다. 디지털 테크놀로지의 이러한 가능성은 과장이 아니다. 오늘날 사람들은 물리적으로 멀리 떨어진 사람들과도 쉽게 소통할 수 있고, 다양한 종류의 정보를 서로 주고받을 수 있으며, 같은 공간에 있지 않은 사람들과도 협력하고 공동 제작을 할 수 있다. 이 책의 저자들은 실제로 한 번도 만나본 적이 없으며 길에서 마주쳐도 누구인지 모를 사람들과 함께 글을 써본 적이 있다. 변형이나 혁신과 같은 용어는 기술이 교육에 미치는 영향을 논할 때에도 쓰여 왔다. 다시 말해 이러한 논의에는 타당한 이유가 있다. 이전에는 상상할 수 없었던 원격교육이 다양한 수준과 접근성으로 가능해졌다. 컴퓨터, 노트북, 태블릿, 양방향 보드interactive whiteboard와 같은 인터넷을 통한 기기들의 유비쿼티는 60년대 초반의 컴퓨터 공학자를 놀라게 할 것이다.

그러나 디지털 기술이 제공하는 커뮤니케이션 기기들의 만연은 커뮤니케이션 '질'에 대한 걱정을 경시하게 할 수도 있다. 전화 통화나 시각적인 정보를 제공하는 스카이프는 결코 화자가 서로 이해할 수 있는 대화를 보장하지 않는다. 다양한 형식의 컴퓨터나 소프트웨어는 우리에게 이익이 되기도 해가 되기도 하는 문화적 도구이다. 컴퓨터와 소프트웨어는 분리될 수밖에 없는 사람들 간의 일정 수준의 인터씽킹을 가능하게 할 수 있으며, 함께 일하거나 배우는 사람들에게 실용적이고 유용한 지원이 될 수 있다. 그러나 이전 장에서 우리가 제기한 문제는 사람들이 함께 지식을 생산하기 위해 사용하는 언어나 다른 커뮤니케이션 수단들이 기술을 통해 전수될 수 없다는 것이다.

우리의 끊임없는 관심 중 하나는 교실에서 사용 가능한 컴퓨터 기반의 기술로 어떻게 아이들의 생산적인 대화 참여를 도울 것인가이다. 최근 몇몇의 동료들과 함께 이 책의 저자들은 이러한 목적을 달성할 수 있는 대화식 전자칠판의 가능성에 대해 연구하였다. 이 장의 앞부분은 이 연구의 결과에 대해 기술할 것이다. 인터씽킹을 촉진하는 디지털 기술에 있어 가장 중요하고 명확한 발견 중 하나는 온라인 의사소통을 통해 멀리 떨어진 사람들 간의 인터씽킹을 가능하게 한다는 점이다. 이 장의 뒷부분에서는 이러한 컴퓨터 매개 커뮤니케이션을 다룰 것이다.

교실에서의 새로운 일상생활 기술

대화식 전자칠판IWB은 이제 영국 어느 학교에서나 찾아볼 수 있는 기구이다. 이는 이전 기술의 산물인 교사 칠판을 대체하는 기구로 물리적 위치로도 칠판의 위치였던 선생 책상 뒤 벽에 보통 설치된다. 다른 기술들과 마찬가지로 대화식 전자칠판은 처음에는 비즈니스 환경을 위해 고안되어 이후에 발표와 거대 스크린을 통한 그림, 문자, 영상 이용을 가능하도록 개선되었다. 대화식 전자칠판을 통해 교사들은 상업적으로 제작된 교육 자료뿐만 아니라 자신들만의 멀티 미디어 자료들을 제작하거나 보여줄 수 있다. 또한 선생들은 수업 중 이러한 자료들에 주석을 달 수도 있다. PC나 랩톱 컴퓨터와는 달리 대화식 전자칠판은 아이들을 가르치는 성인에게 적합한 특징들을 가지고 있다. 그러나 이 책에서 앞으로 다룰 연구들을 제외하면, 작은 집단 학생들의 협력적인 학습을 위한 대화식 전자칠판의 활용은 거의 다루어지지 않았다.

이 책의 저자 중 한 명은 Ruth Kershner, Paul Warwick, Judith Kleine Staarman과 함께 영국 케임브리지 지역의 초등학교에서 실시한 대화식 전자칠판에 관한 연구에 참여하였다(더 자세한 설명은 Meerer, Kershner, Warwick, & Kleine Staarman 2010; Warwick, Mercer, & Kershner 2013 참조). 이 연구는 선생의 지속적인 도움 없이 학생들의 작은 집단에서의 배움을 돕는 영국 초등교육의 일환으로 이 연구 역시 이를 기반으로 하였다. 교사들의 동의하에 동물들의 서식지에 대해 배우는 과학 시간 중 학급당 한 집단은 대화식 전자칠판을 주된 자료로 이용하였다. 교사들은 학생들의 협력적인 학습, 집단 작업과 인터씽킹을 가능하게 하거나 촉진시키는 연구들의 실용적인 결과를 사용하게 하였다. 다음으로 우리는 참여한 여섯 명의 교사가 가르치는 12개의 짧은 수업(7~11세 사이의 학생들로 구성된)을 각각 기록하였다. 학생들이 수행할 활동들은 연구자들과 교사들이 함께 고안하였으나 기본적으로 보통 과학 수업의 커리큘럼을 바탕으로 하였다. 대화식 전자칠판을 주로 사용하게 하는 학생 집단과 달리 같은 수업의 다른 집단들은 비록 같은 활동을 하였지만 대화식 전자칠판을 사용하지 않게 하였다. 이를 통해 우리는 12집단의 활동에 대한 관찰 자료를 수집하였으나 여기에서는 한 학급으로부터의 사례만 사용할 것이다. 아래의 두 발췌문은 우리가 기록한 과학 수업 중 한 학급에서 기록한 것이다. 대화식 전자칠판이 어떻게 아이들의 협력을 통한 학습 활동을 돕는지에 대하여 여섯 학급의 관찰로부터 우리가 도출한 결론을 설명하기 위해 여기에서는 이 한 학급을 예로 사용할 것이다.

첫 번째 발췌문은 동물들이 다양한 서식지에 어떻게 적응하는지에 대한 수업의 한 집단으로부터 발췌하였다. 이 집단은 아이들 세 명으로 구성되었으며 우리는 이 아이들을 레오니, 고든, 메이라고 부를 것이다. 학생들이 수행한 과제는 정보가 알려지지 않은 동물의 특징을 파악하고 알맞은 서식지를 고르는 일이었다. 학생들의 선택은 논리적이며 그룹 토의를 통해 결정되고 동의를 구하도록 요구되었다. 또한 학생들은 북극곰이나 기린과 같은 다른 동물들의 서식지를 결정짓는 특성들을 찾고 집단 전원이 이와 관련된 질문에 대해(예 : 왜 사막은 북극곰이 살기에 적합하지 않은지) 의논하도록 하였다. 계획대로 선생은 수업을 시작할 때에 모든 학생에게 의논을 위한 사전에 논의된 규칙을 주시하고 학생들이 제1장에서 소개한 탐구 대화를 이용하도록 권유하였다.

교사는 특별한 순서로 과제를 구성한 일련의 슬라이드를 구비하는 것으로 대화식 전자칠판에 기반한 집단 활동을 준비하였다. 첫 번째 슬라이드는 상상 속의 동물인 그루팔로를 보여주는 그림으로(*The Gruffalo by Julia Donaldson*의 책에 포함된 Axel Scheffler의 일러스트 사용) 사막과 삼림 지대를 포함한 그루팔로가 살 수 있을 법한 서식지들도 포함하였다. 수업은 교사가 대화식 전자칠판을 통해 학생들이 수행할 과제의 설명으로 시작되었다. 화면에는 그루팔로의 사진을 보여주었다. 교사는 대화식 전자칠판의 다음 슬라이드에서 미확인 동물이 발견되었는데 학생들의 과제는 이 동물에 대해 최대한 많은 정보를 찾아내는 것이라고 설명하였다. 학생들은 동물의 외형적인 특징을 주의 깊게 살펴보고 특징들의 기능에 대해 생각해보도록 하였다. 또한 학생들은 그루팔로의 식습관과 그루팔로가 어떻게 움직이는지에 대해 생각해보도록 하였다.

약 5분여의 학급 전체 토론을 통해 교사가 학생들의 과제에 대한 이해도를 확인한 후 모든 학생은 조별 활동을 시작하였다. 오직 한 그룹만이 대화식 전자칠판을 사용했는데, 여기에서는 이 그룹에 대하여 다룰 것이다. 대화에 대한 학급의 규칙은 대화식 전자칠판 그룹에게는 대화식 전자칠판에 명시하였고, 대화식 전자칠판을 사용하지 않는 그룹에게는 책상에 놓여진 카드를 통해 명시하였다. 대화식 전자칠판을 사용하지 않는 그룹 또한 수업에서 사용된 상상의 동물을 묘사한 그림을 제공받았다.

학생들은 이미 그루팔로와 그루팔로가 나무에 산다는 것을 알고 있었다. 이는 수업 이전에 학생들로 하여금 그루팔로에 대한 의견을 갖게 하여 과제에 대한 의논의 폭을 제한할 수도 있다. 그러나 이 과제의 주안점은 학생들로 하여금 그들의 결정에 대해 논리적인 이유를 설명하게 함이다. 이 과제에서 학생들은 근거 없이 주장할 수 없었다. 사실 학생들의 사전 지식과 생각은 과제를 더욱 힘들게 했을 수도 있다. 왜냐하면 학생들은 더욱 객관적이고 과학적인 관점에서 그루팔로에 대해 생각해야 했기 때문이다.

발췌문 4.1은 학생들이 대화식 전자칠판 앞에 서 있는 상황부터 시작한다. 대화식 전자칠판 화면에는 그루팔로의 그림을 보여주었다. 오른쪽 아래 귀퉁이에는 모든 관련 슬라이드의 섬네일 형태의 메뉴 리스트를 보여주었다. 이 슬라이드들은 터치스크린을 통해 이동할 수 있었다. 교사는 학생들에게 대화식 전자칠판 펜을 사용하여 그루팔로 사진 옆에 그루팔로의 두드러진 특징과 그 특징들이 수행할 법한 기능들을 적게 하였다.

발췌문 4.1 그루팔로의 특징

메이 : 내 생각에 그루팔로는 뿔이 있는 것 같은
　　　　데, 너희는 이 뿔이 왜 있다고 생각해?

레오니 : 먹잇감에 박치기를 하기 위한 뿔일 거야.

메이 : 어쩌면. 아니면 다른 수컷과의 싸움을 위
　　　　해서일까?

고든 : 울퉁불퉁한 무릎.

레오니 : 그럼 무릎은 뭘 위한 걸까?

메이　: 울퉁불퉁한 무릎은, 울퉁불퉁한 무릎은,
　　　　어, 날카로운 바위 위에 무릎을 꿇을 때 그
　　　　루팔로를 보호하기 위해서.

고든　: 그루팔로의 크고 검은 혀는 무엇을 위해
　　　　필요한 걸까?

메이　: 음, 무섭게 보이려고.

레오니 : 아니야. 책에서 그 혀는 끈적끈적하다고
　　　　했어.

고든　: 어, 하지만 우리는 지금 책을 읽는 게 아니
　　　　라 이 그림에서 네가 볼 수 있는 것에 대해
　　　　서야.

레오니 : 나도 알아. 하지만 우리는 혀가 끈적거리
　　　　다는 걸 알잖아.

고든　: 네가 본 것으로부터.

메이　: 그루팔로는 어떻게 움직이지? 음, 어떻게
　　　　움직이는지 알 수 있는 게 있나?

레오니 : 아냐 봐봐. 뭔가 있어. '어떻게 그루팔로가
　　　　움직일까, 어떻게 그루팔로는 먹을까, 그
　　　　루팔로는 무엇을 먹을까?'

레오니는 교사가 벽에 고정해
놓은 질문들을 읽는다.

메이　: 뭐? 그루팔로는 뭘 먹을 수 있을까?

레오니 : 그루팔로가 뭘 먹는지 우리는 몰라.

고든　: 그루팔로는 검은 혀가 있으니까 아마 검은
　　　　뭔가를 먹을지도 몰라.

메이　: 아니면 뭔가 끈적거리는 거?

레오니 : 파리, 파리.

고든 : 그래 아마 파리나 벌 같은 것일 거야.

레오니 : 아냐. 벌은 아니야. 벌이라면 그루팔로를
        쏠 거야.

> 레오니가 적어 놓았던 크고 검은 혀를 가리킨다. 고든은 '끈적거리는'을 추가로 적은 다음 '팔이를 잡기 위한'을 더한다.

고든 : 그래서 뭐?

레오니 : 크고 검은 혀, 끈적거리는 혀, 끈적거리는
        혀를 적자. 파리를 먹기 위한, 파리를 잡기
        위한, 크고 끈적거리는 혀.

레오니 : 파리를 잡기 위해서야. 너 맞춤법 틀렸어.

> 레오니는 펜을 가져가서 '파리'를 다시 쓴다.

메이 : 아니야. 아니라고!

레오니 : 맞아. 그거야!

메이 : 오, 그래.

고든 : 확실해?

레오니 : 맞아. 파리.

메이 : 음, 네가 여기에 쓴 거랑은 달라.

레오니 : 파리??

메이 : 알았어.

(Mercer, Warwick, Kershner, & Kleine Staarman 2010으로부터 수정)

이 발췌문에서 우리는 세 아이가 모두 완전히 과제에 참여하는 것을 확인할 수 있다. 아이들은 관련된 정보를 공유하고 다른 아이들의 의견을 물어보았으며 ("너희는 이 뿔이 왜 있다고 생각해?") 공동사고를 위해 건설적인 제안을 하였다 ("음, 무섭게 보이려고."). 그들은 건설적으로 서로의 의견에 반문을 제시했으며 생산적인 논쟁에 참여하였다(고든의 언급으로 시작된 대화에서 볼 수 있듯이 "그루팔로의 크고 검은 혀는 무엇을 위해 필요한 걸까?"). 레오니와 고든은 메이의 의견에 동의하지 않았지만, 둘 다 그들의 의견에 대한 이유와 논리를 제시하였다. 그러므로 아이들의 상호작용은 탐구대화의 여러 주요한 특징들을 보여준다. 발췌문의 마지막 부분에 이르며 아이들은 과제의 실질적인 내용보다 파리의 철자에 대한 논쟁을 한다. 이러한 논쟁은 점차 '논쟁적으로' 변하지만("아니야, 아니라고!", "맞아, 그거야!"), 여전히 과제의 범주에서 논리적인 설명을 수반하고 있다. 상호작용의 성격은 대본을 통해서는 확정지을 수 없지만, 결코 화가 나 있거나 다른 조원을 무시하지 않으며 오히려 대화 내내 친근하다. 이 발췌문은 절대적으로 탐구대화의 이상적인 예시는 아니다: 레오니는 논쟁에서 가장 적극적인 목소리를 내고 있다. 그러나 다양한 의견이 제기된 그들의 활발한 논의 막바지에 아이들은 교사가 바라던 공동의 문서를 만들어냈다. 토론을 위한 수업 규칙의 준수는 과제의 초반에 나타났으며, 이는 수업 규칙이 학생들의 토론을 장려했음을 시사한다.

그렇다면 이 상호작용에서 대화식 전자칠판은 어떤 역할을 했을까? 대화식 전자칠판은 간단한 방법 또는 매우 기능적인 방법으로 아주 유용한 기여를 하였다. 이는 결코 미미하지 않으며 그루팔로에 대한 정보와 학생들이 아이디어를 기록한 공책과 동시에 함께 기여를 하였다. 그림 4.1에서 볼 수 있듯이 학생들은 아주 많은 표기를 하였다. 일시적인 대화에서 찾아내는 핵심 생각들을 쉽게 변형하거나 수정할 수 있는 방식으로 대화식 전자칠판은 아이들이 함께 과제를 진행할수록 생각의 다양성과 상호성을 기록할 수 있도록 도와주었다. 물론 이러한 활동은 대화식 전자칠판을 사용하지 않은 집단에서 그루팔로 책, 표, 펜과 종이와 같은 더욱 전통적인 자료와 함께 나타날 수도 있다. 그러나 이 연구에서 대화식 전자칠판을 사용하지 않은 어떤 집단도 그루팔로의 특징들에 대해 아주 쉽게 의논을 할 수 없었다. 함께 작성한 내용 중 실증적인 근거에 반하는 내용을 검토하거나 논의를 거쳐 수정하는 것 또한 쉽지 않았다. 우리의 관점으로는 인터씽킹을 가능하게 하는

| 그림 4.1 | **대화식 전자칠판에서 작업하는 아이들**

모든 기술은 점점 역동적이며 효과적으로 변하고 있다.

발췌문 4.2는 같은 아이들이 삼림이 그루팔로의 서식지로 적당한지를 분석하는 대화에서 발췌했다. 아이들은 이 대화 전에 이미 그루팔로에게 적합한 서식지의 특징들을 찾아냈다. 이제 아이들은 그림 4.1에서 볼 수 있듯이 그루팔로가 삼림 중심에 서 있는 그림을 본다.

발췌문 4.2 서식지 찾기

레오니 : (메이에게) 너무 크게 쓰지 마. 그래, 그게
　　　　적당한 크기야.

메이　 : 좋은 위장이네.

레오니 : 좋은 가리개네.

메이　 : 맞아, 위장.

레오니 : (철자를 말하며) 오, '이응'.

> 메이는 레오니와 고든이 지켜보는 가운데 그루팔로가 숲에 있는 그림을 가로질러 화면에 글자를 적고 있다.

메이　　: 나도 어떻게 쓰는지 알아. 좋아, 나 사실
　　　　어떻게 쓰는지 몰라.

레오니 : 이잔.

메이　　: 아니야. '위'야.

메이　　: 위장, 'ㅇ'에 'ㅟ'를 쓰는 거야.

고든　　: 위장, 위장이야.

레오니 : 위-장. 너 아니야.

메이　　: 위장 아니야. 'ㅇ'이 엄청 많아.

레오니 : 난 내가 뭘 쓰고 있는지 알아. 내가 쓰고
　　　　있는 건 '바위 아래 좋은 음식 재료'야.

메이　　: (쓰면서 말한다.) 음식을 위한 많은 동물들.　　메이는 '많은 동물들'을 적고
　　　　　　　　　　　　　　　　　　　　　　　　　있다.

레오니 : 내가 쓰고 있는 건…

고든　　: 많은 동물들이라고 적어. 한 단어처럼 보
　　　　이게, 많은 동물들. (웃는다)

레오니 : 음식을 ― 위한 ― 많은 ― 동물들.　　　　(레오니는 메이가 적은 것을 읽
　　　　　　　　　　　　　　　　　　　　　　　　　는다.)

레오니 : 아니야. 나는 '바위 아래 좋은 음식 재료'　　메이가 펜을 레오니에게 준다.
　　　　라고 적을 거야.

메이　　: 그래. 너는 사슴을 바위 아래에서 찾길 기　　레오니는 메이가 말하는 것을
　　　　대하진 않겠지.　　　　　　　　　　　　　　허공에 적는 시늉을 한다.

레오니 : 좋은 음식 재료.

고든　　: 이제 우리 적어도 될까…?

레오니 : (끼어들며) 바위 아래라 좋은 음식 재료 없　　레오니는 상자 위로 올라가 화
　　　　음 … 그럼 내가 적을게.　　　　　　　　　면의 가장 윗부분에 적기 시작
　　　　　　　　　　　　　　　　　　　　　　　　　하며 자기가 적은 것을 말로 한
고든　　: 예. 어쩌고저쩌고.　　　　　　　　　　　다. 고든은 '예, 어쩌고 저쩌고'
　　　　　　　　　　　　　　　　　　　　　　　　　말하며 적는 시늉을 한다. 레오
고든　　: 대고 있지 마. 그러다 부딪칠 거야!　　　　니는 흔들리며 메이는 흔들리
　　　　　　　　　　　　　　　　　　　　　　　　　지 않게 레오니를 잡으며 균형
　　　　　　　　　　　　　　　　　　　　　　　　　을 맞춘다. 모두가 웃는다.

레오니 : 음, 좋아. 좋은 재료, 아래 좋은 음식 재료.

고든 : 바위, 예.

레오니 : 음, 개미. 예. 음, 개미.

메이 : 개미, 벌레.

고든 : 개미, 흰개미.

메이 : 개미, 벌레, 흰개미.

레오니 : 워, 워. 개미.

메이 : 흰개미. 흰.

레오니 : 흰, 그래.

메이 : 흰개미. 나 머리 아파 와. 흰개미, 벌레.

레오니 : 흰개미와 벌레와 음, 나뭇잎, 수많은 나뭇
잎이 있을 거야.

고든 : 그리고 왜 걔네가 나뭇잎이 필요해?

메이 : 오, 맞아, 아마 바위 아래 나뭇잎이 있을
거야.

고든 : 넌 흰개미와 벌레와 나뭇잎과 나무와 어쩌
고저쩌고 하진 않을 거야.

레오니 : 그래. 흰개미, 개미, 흰개미.

고든 : 그리고 벌레. 그걸로 됐어.

> 레오니는 쓰기 시작하며 때때로 지우고 다시 쓴다. 그리고 다른 쪽의 화면에 닿도록 반대 손으로 펜을 잡는다. 고든과 메이는 레오니가 천천히 써내려감에 따라 레오니의 옆에 서 있거나 그 주위를 돌아다닌다. 이는 몇 분이 소요된다.

> 아이들은 이 단어들을 대화식 전자칠판에 적기 시작한다.

(Mercer, Warwick, Kershner, & Kleine Staarman 2010으로부터 수정)

과제를 시작할 때 아이들 대화 내용과 대화하는 방식은 아이들이 보드에 적는 내용을 얼마나 중요하게 신경쓰는지를(예 : 글자 크기, 맞춤법 등) 드러낸다. 선생님은 아이들이 보드를 비공식적인 메모를 남기는 용도로 사용하기를 의도했지만, 아이들은 보드에 적는 내용을 공식적인 표기처럼 여긴 것으로 보인다. 필기를 하지 않는 아이들이 보드에 글자를 적는 아이에게 매우 많은 지시를 하였다. 이는 '논쟁적인' 대화도 아니며 탐구 대화의 논리적인 의논도 아니다. 그럼에도 불구하고 의논이 진행됨에 따라 아이들은 그루팔로가 살 수 있는 서식지의 특징을 기록하는 핵심 과제를 수행하였다. 아이들은 끊임없이 제안을 하고 보드에 적을 내용과 철자에 대해 다른 아이들에게 조언을 하였다. 대체적으로 이러한 조언은 존중받고 적용되었다. 아이들의 대화는 누적 대화의 특징들을 보여준다.

누적 대화는 조원들이 이 전의 논의로부터 서로 동의하에 서면으로 된 결과물을 만들 때에 아주 적합할 수 있다. 아이들은 축적과 덧붙힘을 통해 과제에 생각과 기여를 더했다. 학생들은 돌아가며 각자 보드에 쓰고 싶은 내용을 큰 목소리로 밝혔다. 아이들의 대화는 많은 '탐구' 특징들을 나타내지는 않지만, 우리는 고든의 나뭇잎에 대한 마지막 질문으로 시작된 대화가 아이들 사이의 동의를 이끌어냈다는 사실에 주목할 필요가 있다. 중요한 것은 과제를 수행하는 중 세 아이 중 누가 협동을 잘했는지나 못했는지가 아니라, 우리의 분석이 어떻게 아이들이 인터씽킹을 잘 수행하거나 수행하지 못했느냐에 대한 이해를 돕는다는 점이다(이러한 분석은 발췌문 3.8과 3.9에도 잘 나타나 있지만, 우리가 기록한 12반 아이들 모두의 분석을 통해서이다). 우리가 보여준 두 발췌문에 대한 논의는 아이들의 인터씽킹 발달에 대한 일반적인 사안들과 앞으로 더 자세히 알아볼 아이들의 인터씽킹을 돕는 디지털 기술의 사용을 나타낸다.

협동, 대화와 학습

제1장에서 다루었듯이 과학, 수학, 문학 등의 다양한 과목에서 협동적인 활동이 매우 유용함에도 불구하고 연구자들은 교실에서 이러한 협업이 잘 이루어지지 않음을 자주 보고한다. 보고에 따르면 아이들은 자신의 지식을 효

율적으로 공유하지 못하며 지배적이고 다투기 좋아하거나 논쟁적인 아이들
이 있는 데 반해 어떤 아이들은 협업에 참여하지 않는다(이러한 연구 결과
는 Slavin 2009; Littleton & Howe 2010; Mercer & Littleton 2007의 연구에
서 참조할 수 있다). 대부분의 아이들은 협업과 함께 사고하기 위해 어떻게
대화를 해야 하는지에 대해 배운 적이 없는 것으로 보인다. 이러한 능력의
발달은 커리큘럼에 거의 포함되지 않으며 몇몇의 학생들만 그들의 교사로
부터 어떻게 조별 과제를 수행해야 하는지를 배운다. 이전 장에서 다루었듯
이 탐구는 문제해결과 함께 배우기에 있어 가장 효율적인 방법임에도 불구
하고 알려진 모든 자료에 따르면 전세계적으로 교실에서 탐구 대화가 이루
어지지 않고 있다.

이 책의 앞부분에서 언급했듯이 우리의 연구(Mercer & Littleton, 2007)와
다른 연구(Rojas-Drummond, Perez, Velez, Gomez, & Mendoza 2003; Webb
& Mastergeorge 2003; Reznitskaya et al. 2006)는 우리는 아이들이 탐구 대화
의 가치를 알려주고 필요한 때에 탐구 대화를 사용하도록 도울 수 있다. 교
사들이 학생들이 참여하길 바라는 방식의 토론을 제시하고, 학생들이 할 일
을 규정하고 탐구 대화를 촉진하기 위한 알맞은 규칙들에 학생들이 동의하
게 한다면, 집단 과제의 질은 향상될 것이다. 제1장에서 설명하였듯이 그러
한 규칙들은 마음속으로 규제력이 있는 규칙인데, 이 규칙은 아동들이 활동
에 참여할 때 내면의 공동규제의 규준이 된다.

탐구 대화의 극대화라는 목표 아래 우리의 대화식 전자칠판 연구에 참여
한 교사들은 동료 중 한 명인 Lyn Dawes의 책들(Dawes 2010, 2011)을 대화
를 위한 적합한 규칙들을 만드는 데 이용하였다. 이러한 규칙들은 아래와
같은 참여를 강조한다.

- 모든 관련된 정보 공유하기
- 모든 조원이 토론에 참여하기

- 다른 조원들의 의견과 생각 존중하기
- 자신의 견해에 대해 논리적인 근거 제시하기
- 의문 제기와 대안은 명확하고 협상 가능하도록 하기
- 결정을 내리기 전에 전체 조원의 동의 구하기

또한 교사들에게 학생들의 대화 인지와 기술들을 발달시키기 위한 활동들의 예시를 제공하였다.

> 모든 조에 "어떻게 생각해?"와 "왜 그렇게 생각해?" 같은 질문을 사용하게 하기. 설명하거나 질문할 때 근거 제시의 중요성을 강조할 것
>
> (Dawes 2010: 93)

우리의 연구에서 모든 학급은 수업을 시작할 때 규칙들을 소개하였다. 발췌문 4.3~4.8은 어떻게 다른 집단들이 함께 의논하는지를 보여준다. 우리는 함께 추론하기와 집단의 협업을 함께 규정하기 위한 수업 규칙의 이용에 대한 교사들의 이해를 나타내는 몇몇의 문장들을 고딕체로 표시했다. 아이들이 사용한 "우리 생각은 어떻지?"와 "왜 우리는 그렇게 생각하지?" 같은 언어 형태는 모든 수업에서 교사들이 사용한 언어와 같은 형태로 Lyn Dawes의 책에 포함된 지침과 활동에서 찾아볼 수 있다.

발췌문 4.3 5학년 : A반 – 치아

학생 1 : 하지만, 난 아니야. 난 그것들이 송곳니가 있을지 의심스러워. 난 걔네가 송곳니가 있는지 의심스럽다고. 의심스러워.

학생 2 : 그래서 뭐. 그래서, 그래서 우리 모두 생각하는 게 이가 뾰족하지 않다는 거야?

학생 3 : 그래.

발췌문 4.4 4학년 : 고체와 액체

학생 1 : 식초는 액체야.

학생 2 : 식초는 변할 수 있지 않아? 마치 네가… (잘 들리지 않음)

학생 1 : 식초.

학생 2 : 그러면 이유가 뭔데?

학생 3 : 물처럼 네가 마실 수 있으니까.

학생 1 : 마실 수 없어. 어, 만약 네가 식초를 마신다면… (잘 들리지 않음)

발췌문 4.5 4학년 : 고체와 액체

학생 3 : 비누를 문지르고 유리 안에 넣으면 다른 형태로 변해.

학생 2 : 그럼 그게 이유이겠구나. 그래, 그렇게 적자.

학생 1 : 넌 사각비누를 먼저 적셔야 돼. 다른 종류의 비누는 어때? 사각비
누. 어, 내가 뭐라고 말했지? 그건 고체야. 왜냐하면?

발췌문 4.6 5학년 : 반사하는 물체와 반사하지 않는 물체

학생 3 : 우리 그걸 가운데에 놓을까?

학생 1 : 일단 그러자. 근데 왜 우리는 그렇게 생각하지?

학생 1 : 둘 다. 왜냐하면 음 빛이, 빛나는 것이 빛을 따뜻하게 해서, 아마도
음, 물체로부터 빛이 반사해서. 음, 빛나는 것이 따뜻하게 하거나 뭔
가… 클로에에게 맡기자. 알았지?

학생 3 : 그래. 그렇게 하자.

학생 1 : 그럼 왜 우리는 처음 그렇게 생각했지? 왜 그렇게 생각했을까?

학생 2 : 내 생각엔 분명 태양이 빛의 근원이라고 봐.

발췌문 4.7 5학년 : 반사하는 물체와 반사하지 않는 물체

학생 3 : 내 생각에 그건 천일 거야.

학생 1 : 천.

학생 2 : 천.

학생 3 : 그래서.

학생 2 : 티셔츠 같은 거?

학생 3 : 응, 그래.

학생 2 : 아니야. 적지 마. 아직 아무것도 적지 마. 우린 제대로 의논하지 않았잖아.

발췌문 4.8   5학년 : 반사하는 물체와 반사하지 않는 물체

학생 3 : 그래서 그것일 거야, 파란색.

학생 1 : 그럼 첫 번째를 동그라미 치자. 그래서 우리는 음, 일단 고르자.

학생 1 : 리타, 넌 뭘 적을 거야? 그리고 우린 왜 그런지도 언급해야 돼.

(Warwick, Mercer, & Kershner 2013으로부터 수정)

고딕체로 표시된 논증을 위한 분명한 예시들은 초등학생들 사이의 일반적인 대화에서는 찾아보기 힘들다. 그러므로 발췌문에서 아이들이 공동으로 논의를 규제하는 것에서 볼 수 있듯이 아이들의 논증 이용은 논의의 질에 대한 책임감이 교사로부터 학생들로 전이됨을 시사한다. 비록 이러한 공동 규제가 온전히 아이들에게 내면화되지는 않았을지 모르지만, 우리는 아이들이 이를 위한 일반적인 지식을 사용하고 있음을 볼 수 있다.

아이들의 학급 규칙과 탐구 대화의 원리에 대한 초기의 수용은 위의 예시에서 볼 수 있듯이 공동 규제에 대한 책임감이 교사로부터 학생으로 바뀌는 시점을 대표할 수 있다. 몇몇 아이들에게는 이러한 과정이 아주 급속히 잘 진행되는 것으로 보인다. 교사가 꾸준히 대화를 중심으로 만든 수업에서 아이들은 논증을 사용하고 의문을 제기하며 수업 규칙들을 사용하였다. 아이들은 또한 조별 활동 중에 의도적으로 논증과 의문제기를 뚜렷하게 하지 않으면서 동의에 이르고자 하였다. 규칙들은 처음에는 뚜렷하고 규범적이었지만 시간이 갈수록 희미해지는 과제를 위한 발판으로서 역할을 하였다. 그러므로 탐구 대화의 참여에 대한 책임 간의 전이는 세 단계를 통한 발전으로 보인다: 교사의 책임감, 공동의 책임감, 학생의 책임감. 이 중 마지막 단계는 발췌문 4.9에 나타났다. 아이들은 대화 중 적절한 시점에 자유롭게 탐구 대화에 관여하였다(예시에서 이러한 특징을 나타내는 문장들은 고딕체로 표시하였다).

발췌문 4.9 5학년 : 먹이 사슬

학생 2 : 넌 누가 나무를 먹는다고 생각해?

학생 3 : 음, 아마도 애벌레가 나무를 먹지 않을까?

학생 2 : 하지만 나무 전체를 먹지는 않지.

학생 1 : 그래, 작은 식물만 먹지.

학생 3 : 그래, 애벌레는 나뭇잎을 먹지.

학생 1 : 잠깐만. 한번 생각해보자. 봐봐. 애벌레는 나무 안으로 들어갈 수 있지. 그리고 음, 그다음엔, 하지만 그럴 수도 있지.

학생 3 : 아마도 하루살이가 나뭇잎을 먹을걸?

학생 2 : 난 그렇게 생각하지 않아. (잘 들리지 않음)

학생 1 : 아니야, 사실 아니야. 이걸 거기에 놓자.

　　　　(한 학생이 나무를 지우고 물속에 사는 식물로 대체한다.)

학생 2 : 물속에 사는 식물.

학생 1 : 그러면 하루살이, 오 아니야. 그러면 아마도 하루살이가 거기 갈 수 있지 않을까?

학생 3 : 맞아.

학생 2 : 오, 그러면 개구리는?

　　　　　　　　　　　　　　　(Warwick, Mercer, & Kershner 2013으로부터 수정)

발췌문 4.9는 대화와 대화식 전자칠판 사용의 조합으로서 표현될 수 있는 아이들 대화의 흥미로운 특징 중 하나를 나타낸다. 예를 들면 위 예의 학생

1이 "잠깐만. 한번 생각해보자. 봐봐. 애벌레는 나무 안으로 들어갈 수 있지. 그리고 음, 그다음엔, 하지만 그럴 수도 있지."라고 말한 것은 학생들이 자신들의 생각을 단순히 말함으로써가 아니라 대화식 전자칠판에서 잠정적인 위치로 대상들을 옮겨가면서 생각을 표현함을 알 수 있다.

이 연구에서 우리는 사회문화적 담론 분석을 사용했는데, 아이들의 대화에 대한 우리의 초기 질적 분석은 녹취에 대한 양적 분석에 의해 보완되었다. 제2장에서 설명했듯이, 녹취 대본에서 관련된 단어나 표현을 찾고 계량화하기 위한 용어 색인 소프트웨어 이용을 포함한다. 이 연구에서 사용된 MonoConc이나 Wordsmith 같은 용어 색인 소프트웨어를 통한 분석은 목표로 한 관련된 용어들의 사용뿐만 아니라 연구자로 하여금 아이들 대화의 언어학적인 맥락(대본 중 관련 있는 부분에서 각 용어의 등장을 나타내는 방식으로써) 또한 쉽게 파악하게 하였다. 이러한 분석은 연구자가 맥락상 용어들의 명백한 의미를 확인할 수 있게 한다. 이처럼 질적 연구와 양적 연구를 함께 사용하는 것은 사회문화적인 담론 분석으로서 양적 분석은 질적 분석 없이 단독으로 쓰이게끔 기대되지 않기 때문에 중요하다. 이를테면 한 이전 연구에서(Mercer et al. 2004) 질적 분석과 양적 분석의 조합은 아이들의 탐구 대화 사용이 증가함에 따라 '왜냐하면', '내 생각에는', '~일 수도 있어', '~할 수도 있어' 와 같은 특정 키워드의 높은 빈도수가 나타남을 보였다.

아이들의 대화식 전자칠판 이용에 대한 본 연구에서 용어 색인 분석의 목적 중 하나는 다양한 교사들의 수업 중 질적 분석에서 찾은 단어들 중 어떤 단어들이 어떠한 강도로 아이들이 드러내는 탐구 대화와 관련이 있는지를 보는 것이다. 표 4.1은 녹음된 네 명의 교사(H, C, S, P) 수업을 분석한 결과를 요약한 것이다. 이 수업들은 연구기간 중 거의 같은 시기에 이루어졌다. 녹음된 수업 전반에 걸친 아이들의 기여(이는 전체 수업 토론과 조별 활동을 포함한다)가 포함되었다. 탐구 대화와 관련된 항목들과 함께 표는 아이들이 얼마나 '우리'라는 단어를 사용했는지를 포함한다. 이 단어를 포함한

| 표 4.1 | 용어 색인 분석 예시 : 녹음된 4학급 아이들의 대화에 사용된 주요 용어들의 상대적 빈도

	교사 H	교사 C	교사 S	교사 P
왜냐하면	94	101	23	21
동의	4	4	2	0
정중한 질문이나 제안	47	19	10	8
만약	28	25	6	13
왜	1	13	6	10
생각	56	54	19	18
~해도 될까요?	0	1	0	0
~했으면 좋겠어요.	4	3	0	0
~을 하지 않았으면	0	0	0	1
설명	7	1	0	1
우리	196	81	43	31

출처 : Warwick et al. 2013으로부터 차용

이유는 우리의 질적 분석이 '우리'라는 단어가 학생들의 협력을 지칭하는 데에 쓰이고, 공동의 목표와 중요성과 관련이 있음을 시사했기 때문이다.

우리는 각 용어의 사용이 4개의 수업마다 어떻게 다른지를 확인할 수 있다. 수업당 용어들의 총빈도수를 탐구 대화의 빈도수를 나타내는 지표와 공동의 목표를 추구하는 성향으로 이용하면 교사 H와 교사 C의 아이들이 이러한 성향의 대화를 가장 많이 했으며, 교사 S와 P의 아이들은 가장 적게 이러한 대화를 보였다. 모든 수업이 기대한 방향이 결과를 보이지 않았고 '왜'의 사용은 이례적이었지만, 이러한 양적 분석은 우리가 질적 분석으로부터 도출한 결론을 지지하였다. 교사 H는 아이들에게 토론과 조별과제에 알맞은 규칙에 대해서 가장 강도 높고 명확한 지침을 제공했다.

수정 가능한 목표와 인터씽킹

우리가 앞에서 확인했듯이 대화식 전자칠판은 개요와 서면으로 된 결론을 생산하고 기록하는 데 있어 아주 유용하다. 대화식 전자칠판은 조 전체가 각 조원이 적은 내용을 보고 지적하는 것을 용이하게 하고, 새로운 제안에 대한 평가와 조언을 바탕으로 최종 내용을 매우 빠르게 수정할 수 있게 한다(Littleton, Twiner, & Gillen 2010 참조). 우리의 이전 박사 학생 중 한 명인 Alison Twiner는 아이들이 대화식 전자칠판에 만든 문자의 종류를 '수정 가능한 디지털 목표'라고 명명하였다(Twiner 2011; Twiner, Littleton, Coffin, & Whitelock, 인쇄 중). 교사들은 종종 학생들에게 조별 토론 중에 말한 내용들을 적도록 장려한다. 수업에 대한 연구자인 Gordon Wells(1999)는 끝난 일이 아닌 '수정 가능한 목표'로 학생들의 기록을 여기면서 적절하게 수행되었을 경우 미래의 토론과 다른 활동들을 이끌어내고 창조할 수 있게 하는 상호 지식 축적의 바탕을 제공한다고 최초로 제안했다. 물론 그러한 기록이 디지털이어야만 하는 것은 아니다. 기록은 종이에 남길 수도 있지만, 컴퓨터 기반의 기술은 기록을 쉽게 하는 방법을 제공하기 때문에 수정을 용이하게 하고 다양한 버전과 복사본의 보관을 가능하게 한다. 또한 토론 중에 떠오르는 생각을 다이어그램이나 그림으로 기록할 수도 있다. 이러한 기록은 일시적인 대화와 영구적인 서면 기록의 중간과 같은 단계를 제공하며 디지털이 사람들의 협력적 사고를 가능하게 함을 보여주는 일면이다. 발췌문 4.2에 등장하는 아동들이 대화식 전자칠판에 남긴 디지털 기록을 이후의 조 활동을 위한 비공식적인 자료로 대하기보다 기록을 일종의 최종적이고 공개적인 정보에 대한 사실에 우리는 주목할 필요가 있다. 기술의 수용은 관련된 사회적 규범에 따를 때에만 이루어질 수 있다.

　다음에 소개할 수정 가능한 목표의 한 예는 개인적, 사회적, 건강 교육 수업 들을 기록한 한 연구이다(Littleton, Twiner, & Gillen 2010). 이 중 한 수업에서는 또래집단의 역동성과 또래집단으로서의 사회적 압력과 관련된 주제들에 대해 탐구하고 토론하였다. 교사는 한 TV 드라마의 DVD를 틀어주었다. 학생들이 드라마 전체를 다 보게 한 후 교사는 DVD를 다시 틀었는데, 중요한 장면들에 이르면 등장인물들의 동기와 의도, 감정에 대해 학생들이 토론할 수 있도록 화면을 정지하였다. 화면을 정지시킨 후 교사는 아동들에게 대화식 전자칠판 펜을 사용하여(그림 4.2와 같이) 그림에 그들의 생각과 감상을 각주를 달게 하였다. 한 장면은 한 등장인물의 얼굴을 보여주었는데, 교사는 학생들에게 등장인물이 제시된 상황에서 느꼈을 법한 감정을 단어로 묘사하라고 하였다. 각 정지화면은 학생들의 각주를 덧붙여 새로운 화면으로 저장되었다. 이 저장 화면들은 수업에서 정지 화면들에 대한

| 그림 4.2 | 정지된 DVD 화면에 각주를 달고 있는 한 학생

학생들의 생각과 반응을 요약하였다.

학생들이 의견을 얘기하고 각주를 추가함에 따라 교사는 이를 교과 과정 내용과 관련지었다. 협력의 산물인 이 자료들은 저장 이후 조별 토론을 위한 자료로 사용되었다. 예를 들면 교사는 드라마에서 사건들이 진행됨에 따라 등장인물의 감정이 변하는 순간들을 언급하기 위해 저장 화면들을 칠판 화면에 띄워 놓았다. 이는 학생들의 최초 반응과 생각들을 기록하기 위한 비망록aide memoire으로서뿐 아니라 이후의 공동적인 사고를 위해 효과적이다.

다른 종류의 전자 문서 또한 아동들이 아이디어를 공동으로 평가하고 수정하며 발전시키는 데 도움을 줄 수 있다. 가령 저자 중 한 명인 Karen Littleton은 중등학교 학생들이 학교, 집 혹은 휴대용 기기를 통한 야외에서의 과학 조사를 할 수 있게 돕는 소프트웨어 개발에 참여한 적이 있다 (www.nquire.org.uk 참조). 이 소프트웨어에는 각 조가 자료 수집 단계에서 이후 자료 분석을 용이하게 하는 주요한 맥락적인 정보를 포착할 수 있게 하는 대화상자가 있다. 소프트웨어 사용에 대한 관찰 결과는 학생들이 조사 결과를 보고하는 단계에 다다를수록 대화상자 안의 문서를 끊임없이 수정하고 저장하는 것을 알았다. 이렇게 함으로써 문서는 새로 떠오른 생각과 인터씽킹을 포착하게 하며 자료와 핵심 결과들에 대한 해석을 가능하게 하는 연속적인 작업이 된다. 대화상자에 기록되는 초기의 견해들은 공유된 지식과 이해를 발전시키기 위한 발판을 제공한다. 이렇게 대화상자의 문서들을 다시 작업하는 과정은 조사의 전 단계에 있어 아이들로 하여금 공동 작업의 '맥락'을 유지하는 것을 돕는다(보다 자세한 정보를 위해 Littleton & Kerawalla 2010 참조).

다른 컴퓨터 기반 기술들과 마찬가지로 이 책의 저자들 역시 기계적인 결함과 기계의 복잡한 반응이 종종 아이들이 함께 작업하는 것을 방해하며 아동들로 하여금 방황하게 하고 교사의 도움을 필요로 하게 하는 것을 안다. 우리는 교육을 위한 기술 사용을 무비판적으로 옹호하지는 않으며 기술에 한계가 있음을 인정한다. 그럼에도 불구하고 대화식 전자칠판 사용은 어떻게 컴퓨터와 다른 문화적 도구들이 면대면 대화를 장려하고 이를 통해 인터씽킹을 가능하게 하는지를 잘 보여준다. 손으로 터치할 수 있는 '테이블탑' 양방향 컴퓨터는 집단의 인터씽킹을 가능하게 하는 도구로서 더욱 효과적일 수 있다. 쓰기 측면에서 Steve Higgins와 더럼에서 일하는 그의 동료들은 영국 초등학교 학생들의 대화식 전자칠판 사용을 조사하였다(Higgins, Mercier, Burd, & Hatch 2011). 또 다른 연구자 Stahl(2011)은 테이블 탑 컴퓨터가 비록 현재는 대화식 전자칠판처럼 교실에서 쉽게 찾아보기에는 고가이지만, '교실과 직장 또는 친목을 위한 멀티미디어의 봉화'로 작용할 수 있다고 시사하였다.

협력 학습과 관습적인 지도

이제 우리는 다른 박사 학생인 Benson Soong이 박사 연구로 수행한 다른 연구들을 소개할 것이다(Soong & Mercer 2011). 이 연구는 전통적인 교실에서의 면대면 상호작용과 온라인 환경을 통한 공동 학습 사이의 일종의 연결고리를 보여준다. 이 연구는 싱가포르 소재의 한 중등학교에서 15세로 구성된 수업에서 이루어졌는데, 학생들은 물리학 교육 자격 시험을 준비하는 때였다. 교사 Siew Shin Er는 연구의 전반에 걸쳐 활발하게 관여하였다.

보통 이 학교에서 물리학 교육 자격 시험을 위해 학생들을 돕는 방법은 학생들에게 예상문제들로 이루어진 문제지를 제공하고, 교실에서 개인으로, 혹은 짝을 짓거나 집단을 이루어 예상문제들을 공부하게 하는 것이었다. 물론 학생들은 필요할 때는 언제든지 교사에게 도움을 요청할 수 있었다. 이 연구 상황에서 학생들은 학교 컴퓨터 실습실의 기기들을 이용할 수 있게 하였다. 문제지는 유인물로 주어졌으며, 마이크로소프트사의 넷미팅을 이용하여 학생들을 같은 수업의 다른 학생들과 온라인으로 짝을 짓게 했다

(학생들에게 짝을 선택하게 하거나 짝이 누구인지 알려주지는 않았다). 학생들에게 문제지의 예상문제들을 익명의 짝과의 협력을 통해 풀도록 요구하였다. 이를 위해 오직 넷미팅 소프트웨어와 소프트웨어의 칠판 기능만을 사용하게 하였다.

첫 번째 컴퓨터 실습 수업 이전에 학생들에게 왜 익명의 파트너와 컴퓨터를 사용하여 물리 문제들을 풀어야 하는지를 설명하였다. 또한 학생들에게 탐구 대화와 유사한 온라인 의사소통을 장려하기 위해 만든 규칙들에 대해 동의를 구하였다(그림 4.3 참조).

한 시간이나 한 시간을 조금 넘긴 컴퓨터 실습 시간 동안 학생들은 주기적으로 파트너와의 온라인 대화와 온라인 칠판에 남긴 언급들을 가상의 공유 목록에 저장하게 하였다. 교사와 연구자는 각각의 실습 막바지에 분석을 위해 이 가상의 공유 목록에 접근할 수 있었다. 학생들은 이러한 접근에 대해 동의하였다. 세션이 끝날 때마다 학생들은 참여에 대한 짧은 설문을 작성하였다.

발췌문 4.10은 쿼티와 야이라는 닉네임을 사용한 두 학생의 대화에서 발췌한 것이다. 두 학생에게는 다음과 같은 문제가 주어졌다. "상온에 물이 담긴 비커가 봉인된 종 모양의 병 아래에 놓여 있다. 에어펌프는 가동 중인 상태이다. 다음의 문장에 동의하는지를 나타내세요." 문제지는 일련의 문장들을 나열했다. 첫 번째 문장은 "물의 온도는 내려갈 것이다."였다. 발췌문 4.10에서 쿼티와 야이는 이 문장에 대해 논의하였다. ([ ] 안의 문장은 학생들의 진행에 대한 연구자의 해석이다.)

발췌문 4.10 왜 물의 온도는 내려갈까?

쿼티 : 파트 1 이유 :

야이 : 왜냐면 공기의 분자가 적어서 춥기 때문이지.

　　　[야이는 병 안에 있는 공기의 분자가 적어지기 때문에 그 결과로 비커

안의 물의 온도가 내려간다고 제안한 것 같다.]

쿼티 : 언제 공기 분자가 빨려 들어갔는데?

쿼티 : 물 표면에서는 적은 수의 분자만이 충돌해.

쿼티 : 그래서 온도가 내려가.

[여기에서 우리는 쿼티가 정확한 답을 골랐지만, 설명은 잘못되었음을 확인할 수 있다.]

야이 : 응.

[쿼티의 말에 동의하는 것에서 볼 수 있듯이 야이 역시 그녀가 물의

기본 규칙

이 규칙의 핵심 목적은 주어진 문제를 파트너와 함께 푸는 데 컴퓨터를 통해 여러분 조가 어떻게 사고하는지를 우리가 볼 수 있게 하는 것이다. 이는 우리가 사고과정을 이해하게 함으로써 여러분의 물리학에 대한 잘못된 이해나 지식을 발견하고 취약한 부분에 중점에 둘 수 있게 하기 위함이다. 따라서 파트너와의 좋은 협력관계가 요구된다. 좋은 협력관계를 만들기 위해서 아래의 규칙을 제시한다.

온라인에서의 대화에 대한 기본 규칙은 아래와 같다.

- 아무리 어리석다고 생각되더라도 각자의 생각을 파트너와 공유하고 서로 귀를 기울인다.
- 파트너가 적거나 그린 내용을 고려한다.
- 서로의 의견을 존중한다.
- 생각을 조리 있고 분명하게 표현한다.
- 상대방의 의견에 동의하지 않을 경우, "왜?"라고 묻거나 동의하지 않는 이유를 설명한다.
- 물리와 상관없는 주제에 대해 이야기하지 않으며 파트너가 누구인지 묻지 않는다.
- 문제를 풀기 위해서만 컴퓨터를 이용한다(예 : 웹 서핑 금지!).
- 선생님에게 오답 유무를 확인하기 전에 반드시 선택한 답에 대해 서로 동의한다.

| 그림 4.3 | 컴퓨터 랩 시간 동안 학생들이 따르도록 요구한 기본 규칙

온도를 낮아지게 하는 이유에 대해 잘못 이해하고 있다.]

(Soong, Mercer, & Stew 2010으로부터 수정)

학생들은 세션이 이루어지기 얼마 전에 열과 온도, 물질의 운동론에 대한 수업을 들었다. 교사의 의견에 따르면 학생들은 비커 안 물의 온도가 내려가는 것이 물 분자의 느린 이동과 관련이 있음을 알고 있어야 했다. 그러나 학생들의 대화에서 볼 수 있듯이 쿼티와 야이 둘 다 비커 안 물 온도의 하강은 병의 공기 분자와 물의 분자의 충돌 빈도가 적은 데서 기인했다고 생각했다. 달리 말하면 학생들은 분자의 상대적인 속도가 아닌 분자 간의 충돌 자체가 온도와 직접적으로 연관이 있다고 믿는 것으로 보인다. 주어진 문제의 경우 에어펌프가 작동하여 비커 안의 공기 분자 수를 줄이고, 이 줄어든 분자수가 물 분자와 공기 분자 사이의 충돌을 감소시켜 물의 온도를 낮춘다고 추론하였다. 이러한 추론은 부정확하고, 그들이 최근에 수업에서 배운 내용과 일치하지 않는다. 학생들의 토론 기록에 따르면 교사와 연구자들은 절반 이상의 학생들이 이러한 부정확한 이해를 보였다.

학생들의 토론 기록을 분석해보니 많은 그룹에게 함께 시험을 준비하는 것이 도움이 되었고, 이를 위해 학생들은 온라인 버전의 탐구 대화를 사용하였다. 학생들의 반응은 세션 후 설문에서 "함께 공부하고 서로에게 배울 수 있는 좋은 시도였다."와 "아주 재미있었다!" 같은 답에서 볼 수 있듯이 일반적으로 긍정적이었다. 또한 학생들의 대화 기록은 교사로 하여금 이 전에 짜여진 수업 계획 대신에 시험 준비 세션에 바탕이 된 정보에 대한 학생들의 부정확한 이해를 반영하도록 하였다. 달리 말하자면 이후의 수업들은 이를 반영하여 수업할 수 있는 기회가 되었다. Soong은 이를 '관습적인 지도'라고 이름 지었다.

수업을 들은 학생 21명이 학습한 내용을 통해서 온라인 협력 학습과 관습적인 지도의 조합을 평가하였다. 사전검사와 사후검사를 포함한 실험설계를 사용하였는데, 사전검사는 중재 행위 이전의 한 수업 동안 시행하였다. 따라서 7명으로 된 학생집단 중 한 집단은 대조군으로 쓰였으며, 사전검사 후 학교에서 일반적인 방법으로 시험 준비를 수행하였다. 다른 한 집단은 실험군으로 선정하여 사전검사 후 온라인으로 시험 준비를 하게 하고 탐구 대화를 위한 기본 규칙들을 사용하게 하였다. 나머지 한 집단은 대안적 실험군으로 시험 준비를 위해 실험군과는 다른 방과후 물리 과목 수강을 제공하였다. 집단 간 비교 통계분석은 실험군의 피실험자가 사후검사에서 대조군이나 대안적 실험군의 피실험자보다 유의미하게 높은 점수를 받았음을 드러냈다. 이는 대조군이나 대안적 실험군과 비교하여 25% 더 높은 수치였다.

원격 공동 학습

개방대학은 온라인 수업과 원격 교육을 위한 자료 개발로 잘 알려져 있다. 또한 저자 둘 모두 면대면 회의를 수반한 인쇄물이나 방송 자료에 대한 의존으로부터 디지털 자료와 컴퓨터 기반 의사소통 의존으로의 변화를 개방대학에서 경험하였다. 원격 교육을 위한 전자 의사소통의 활용에 대하여 수많은 연구가 행해졌지만, 극히 일부의 연구만이 어떻게 구어나 글을 통한 의사소통이 물리적으로 다른 위치에 있는 학생들 간의 문제해결 학습을 가능하게 하는지를 다루었다. 그러나 그러한 연구 결과들은 가상 교육 환경에서 효과적인 의사소통을 구성하는 요소가 무엇인지와 발생할 수 있는 문제, 그리고 그러한 문제를 어떻게 해결할 수 있는지에 대하여 통찰할 수 있게 한다.

문자를 통한 온라인 의사소통이 실시간으로 이루어지는 면대면 대화와 다른 점은 면대면 대화처럼 실시간 기반이지만 화자들이 즉각적으로 서로에게 반응하거나 시간을 들여서 반응을 할 수 있는 조건들을 제공한다는 것이다. 온라인 '대화'는 며칠, 혹은 몇 주나 몇 달에 걸쳐 이루어질 수도 있

다. 교육을 위한 온라인 의사소통을 연구자인 Ingram과 Hathorn이 두 가지
형태(동시적과 비동시적 의사소통)의 컴퓨터 매개 의사소통CMC을 다음과
같이 설명하였다.

> CMC는 동시적 방식과 비동시적 방식으로 나눌 수 있다. 동시적 의사소통
> 에서 모든 참여자가 동시에 의사소통에 참여해야 하는 반면에 비동시적 의
> 사소통은 이러한 제약에서 자유롭다. 동시적 의사소통은 참여자들이 실시
> 간으로 메시지를 교환하게 하는 대화방이나 인스턴트 메신저, 비디오 및 오
> 디오 프로그램을 포함한다. 이미지와 표는 거의 작성하는 동시에 화면에 나
> 타난다. 이렇게 정보와 생각, 의견을 빠르게 교환해본 사람들은 뛰어난 타자
> 능력과 빠른 응답 시간이 개인들이 계속 변화하는 의견들을 따라갈 수 있게
> 할 수 없다는 사실을 인지한다. 따라서 동시적인 토론은 브레인스토밍이나
> 빠르게 생각들을 공유하는 데에 가장 적합하다고 할 수 있다. 비동시적 의사
> 소통에서 학생들은 어디에 있든 본인들이 원하는 때에 다른 학생들의 참여
> 에 구애받지 않고 의사소통에 참여할 수 있다. 비동시적 CMC는 교사의 관
> 습적인 제약이나 수업 시간에 구애를 받지 않기 때문에 학생들이 보다 동등
> 하게 참여하도록 할 수 있다. 이는 생각의 표현을 보다 충분하고 자유롭게
> 한다. 비록 이러한 방법들은 문자 기반이지만 전통적인 인쇄 정보와는 유사
> 점이 적다. 숙련된 경험자들은 줄임말이나 이모티콘을 사용한다(예 : 웃음표
> 시). 이메일이나 웹 토론으로 이루어지는 비동시적 의사소통은 참여자들에
> 게 더 깊이 있는 의견을 위한 시간을 제공하므로 이는 생각을 보다 깊이 있
> 게 토론하는 데에 유용하다.
>
> (Ingram & Hathron 2004: 220)

온라인 의사소통은 등장하면서부터 새로운 양식의 학습을 생산해낼 것으로
기대되었다. 이는 온라인 의사소통은 학생들이 관습적인 출석 제한 없이 학
생들에게 가장 편리한 시간과 장소에서 학습에 관여하게 하기 때문이다. 온
라인 원격 교육의 지지자들은 보통 이를 긍정적인 변화라고 여긴다. 그러나

교육 급진론자들은 종종 전통적인 방법으로도 충분히 충족할 수 있거나 새
로운 방식으로는 충족할 수 없을지도 모르는 학생들의 요구를 온라인 원격
교육이 대신할 수 있다고 과대평가한다. 게다가 학생들 역시 가장 효율적인
학습 방법에 대해 자신만의 생각이 있을 수 있다. 이는 온라인 교육 전문가
인 두 연구자에 따르면 CMC에만 국한된 것은 아니다.

> 몇 해 전 한 교육 관련 국내학술대회의 한 공동 세션에 참여한 두 명의 참가
> 자를 관찰한 적이 있다. 주제를 소개한 후 발표자는 참여자들에게 소집단으
> 로 과제를 수행하게 했다. 세션이 조별 활동으로 전환되자마자 한 참가자는
> 다른 참가자에게 다음과 같이 질문하였다. "발표는 이걸로 끝이야? 난 정말
> 이런 조별 활동에 진저리가 나." 이러한 반응은 조별 활동과 일반적인 공동
> 학습 방법에 대한 많은 학습자들이 가지고 있는 불균형적인 태도를 방증한
> 다. 보통 학습자들은 보다 능동적으로 학습에 참여하고 싶어 하는 한편, 종
> 종 소집단을 이루어 학습하는 데에는 덜 열성적이다.
>
> (Dirkx & Smith 2004: 132-133)

Dirkx와 Smith는 또한 이러한 언급을 온라인 공동 학습 수업을 수강한 적이
있는 한 대학생으로부터 발견하였다. 아래는 인터씽킹을 위한 기회의 부족
이 어떻게 문제가 될 수 있는가를 보여준다.

> 이제 우리의 최종 문제를 확정지으려고 하는데 단지 컴퓨터로 의사소통함으
> 로써는 모두의 생각과 느낌을 이 문서에 담기는 매우 어렵다. 그룹으로서 같
> 은 공간에 함께 있다면 컴퓨터를 사용할 때와는 정반대로 우리는 훨씬 쉽게
> 생각과 정보를 교환할 수 있다. 컴퓨터를 사용할 때는 항상 타자를 쳐야하며
> 지나간 내용 따위를 다시 언급하거나 어떻게 의논이 진행되어 가고 있는지
> 확인하기가 어렵다.
>
> (Dirkx & Smith 2004: 149)

학생들이 CMC를 이용한 원격 교육에서 종종 경험하는 어려움들은 개방대

학의 동료들과 다른 연구자들에 의해 잘 기록되었다(Mason 1995; Morris & Naugton 1999; Tolmie & Boyle 2000). 그럼에도 불구하고 많은 학생들은 온라인 의사소통이 제공하는 시간과 장소의 유연성을 긍정적으로 받아들인다. 아마도 학생들은 온라인 커뮤니케이션을 최대한 발휘할 수 있는 적절한 안내를 받고, 이를 그룹 활동을 통해서 경험으로써 온라인 커뮤니케이션의 가치를 깨닫게 되는지 모른다. 원격 교육을 사용하는 교육자들은 적절한 디지털 기술 활용을 가장 효과적으로 이용하는 한편 원격 교육을 함으로써 잃게 되는 전통적인 교수법과 학습의 효율적인 점들을 보완할 필요가 있다.

개방대학에서 Rebecca Ferguson은 이 책의 저자 중 한 명인 Karen Littleton과 함께 자신의 박사 연구로 이러한 주제에 대해 연구하였다(Ferguson 2009; Feuguson, Whitelock, & Littleton 2010). 그녀는 학생들이 조별 과제가 주어졌을 때 지식을 함께 쌓고 이해하기 위해 온라인을 어떻게 활용하는지에 대하여 관심이 깊었다. 그녀의 연구에서 학생들은 '첫 수업'이라는 이름의 수단을 통해 주로 비동시적 의사소통을 이용하였지만 필요할 시에는 동시적 의사소통도 활용할 수 있었다. 연구 자료는 심리학 전공 학부생으로 이루어진 소그룹이 연구 프로젝트들을 발전시키고 수행하는 6주간의 온라인 학술대회를 통해 수집되었다. 협동의 마지막 단계로 각 조는 다른 수업의 사람들에게 자신의 연구를 발표하고 동료 학생들로부터 피드백을 받았다. 이러한 과정은 학생들로 하여금 이후의 수업과제를 완료하는 데에 도움이 되었다. 조별 활동에 대한 학생들의 참여를 평가하였는데, 조별 활동에 적극적으로 참여하지 않았다고 평가를 받으면 수업을 이수하지 못한 것으로 결정하였다.

Ferguson의 연구 가설 중 하나는 제1장에서 설명한 교실에서 관찰 가능한 세 가지 유형의 논쟁 대화, 누적 대화, 탐구 대화가 온라인상의 비동시적 토론에서도 발견될 수 있다고 가정하였다. 따라서 그녀는 학생들이 공동 과제를 수행하는 동안 만들어진 공동의 작업에 관련된 모든 게시물을 분석하였

다. 그녀는 제1장에서 설명한, 우리가 개발한 사회문화적 담론 분석 방법을
적용하여 게시물들을 분석하였다(Mercer 2004; Mercer, Littleton, & Wegerif
2004). 그러나 대본에 시각적 요소들을 기록한 경우를 제외하고, 그녀는 이
용된 분석 방법이 의사소통의 시각적인 요소들에 대하여 다루지 못하는 한
계에 대해 명시하였다. 그녀는 온라인 학술대회의 비동시적 대화의 언어와
비언어적 요소들을 연구하였다. 다이어그램과 표, 다른 시각적 요소들의 배
치와 양식이 만들어낸 풍부한 의미들이 포함되었다. 언어학자인 Kress와 van
Leeuwen(1996)이 주장하였듯이 참여자들이 함께 어떻게 의미를 생산해내는
지를 이해하기 위해서는 이와 관련된 대화들을 통합적인 전체로서, 그리고
다양한 자료를 분석할 필요가 있다. 이러한 생각들은 Ferguson으로 하여금
학생들의 부가적인 자료들에 대한 특정한 의존에 관심을 갖게 하였다. 여기
서 부가적인 자료들은 학생들의 연구 일부분으로 사용된 아이들의 대화를
기록한 대본과 같은 언어적 문자들과 그래픽적인 항목들을 포함한다. 이전
장에서 설명하였듯이 이 중 몇몇은 명확히 개선 가능하다. 예를 들면 한 명
또는 여러 명의 학생이 작성한 그동안 그룹이 이룬 성취를 요약한 문서나
조원들이 과제를 수행하면서 내용을 추가하거나 수정한 문서들은 분명 개
선 가능하다. 퍼거슨은 이런 목표들로 매개된 상호작용을 보여주는 특징적
인 일화들을 '덧붙인 대화'라고 이름 지었다. 한 학생이 기록한 조원들의 댓
글을 요약한 것에서 그녀의 분석자료 중 이렇게 기능한 예로 그림 4.4에서
보여주고 있다.

또한 Ferguson은 인터씽킹을 달성하기 위한 수단으로서 집단 내 비동시적
온라인 상호작용이 면대면을 통한 상호작용과 구별되게 하는 중요한 시사
점들을 발견하였다. 예를 들어 동시적인 온라인 상호작용은 우리가 이전에
언급한 개선 가능한 온라인 목표들을 포함한다. Ferguson은 다음과 같이 설
명한다.

Om 분석을 정리한 것

읽기 쉽게 하기 위해 결과는 다른 색으로 표시하였으며, 각 내용 앞에 이름을 표기하였다. 샬린, 이든, 안드레아, 리타.

문장들은 조원의 언급에 단 댓글들이다.

15

샬린 : 그 의사는 매우 잘난 체를 하였고 그가 환자가 자신이 말한 내용을 대부분 이해하는지 의심스럽다고 말함으로써 환자의 자신감에 대해 머뭇거림 없이 의심을 제기하였다.

이든 : 의사가 말하는 톤은 기록에 대한 약간의 무관심과 환자가 기억하고 있는 정보로부터 정보를 찾아내려는 바람을 보였다. 의사는 또한 환자가 많은 것을 기억하지 못한다고 짐작했다. 의사는 환자에 대해 부정적인 선입견을 보였다. 이는 의사가 보다 전문적인 것처럼 보이길 원하기 때문인 것으로 해석될 수 있다. 또한 환자와의 사이에서 주도권을 차지하기 위한 것일 수도 있다.

안드레아 : 이 쇼에 등장하는 의사는 환자와 눈을 똑바로 마주치고 마치 자신이 이전에 환자와 대화한 내용을 기억하지 못하는 듯한 잘난 체하는 말투로 환자에게 이야기함으로써 자신감과 권위를 보였다.

리타 : 의사는 어린아이들이 쓸 법한 언어를 구사하였는데, 이는 환자를 과소평가하는 것처럼 보인다. 이러한 언어의 사용은 환자를 점점 조용하게 만들었으며 의사가 가능한 수술 결과에 대해 이야기할 때 부드러운 말투와 함께 더욱 명백해졌다.

| 그림 4.4 | 샬린이 12월 6일 15쪽으로 정리한 문서 중 앞부분

출처 : Ferguson(2009: 254)에서 발췌

온라인 상호작용을 할 때에 참여자들은 그들이 말한 것을 기억하는 데에 도움이 될 장치들을 사용할 필요가 없다. 왜냐하면 소프트웨어가 자동으로 만들어내는 대본을 통해 참여자들은 그들의 이전 대화 내용에 충분히 접근할 수 있기 때문이다. 그들이 대체할 필요가 있는 것은 단지 면대면 환경에서 맥락의 이해를 돕기 위해 사용되는 톤, 몸동작의 범주일 뿐이다. 참여자들은 함께 달성한 것들에 대해 동의를 구하고 과거의 대화를 이용해 공유된 지식을 만들 수 있게 하는 비동시적 방법들을 강구해야만 한다. 이와 동시에 참여자들은 그룹 중의 일부만이 온라인상의 참여가 가능할 때에 의견 충돌을 피하면서 대화를 안전하게 진행시킬 방법을 찾을 필요가 있다.

(Ferguson op. cit.: 168)

온라인 대화의 순간적이며 심지어 비공동적인 성질은 면대면 환경과는 또 다른 방식으로 인티씽킹을 방해하는 장애들을 야기한다. 설명을 요청하고 이해를 확인하는 것은 많은 노력을 요구하는 일이며 과정에서 발생되는 의견 충돌들은 해소하기 힘들다. Ferguson은 온라인 버전으로 나타날 수도 있는 논쟁 대화의 '악의적인' 행동이나 다른 비협조적인 행위를 많이 발견하지는 않았지만, 이는 학생과 교사의 인터뷰에서 발견되었다. 또한 그녀는 학생들이 온라인 컨퍼런스에 참여와 중단을 반복하는 비동시적인 방식이 문제를 제기할 수 있다고 지적했다. 왜냐하면 일단 로그아웃을 하면 이후에 갱신되는 정보에 대해 알 수 없기 때문에, 어떤 학생은 주제와 관련이 없거나 중복되는 내용을 작성하는 데에 시간을 낭비할 수 있기 때문이다. 퍼거슨의 연구에 참여한 학생 중 매일 온라인 컨퍼런스에 접속할 수 없었던 한 학생의 경험은 이를 여실히 드러낸다. 다음은 이 학생의 기록이다.

> 처음에 우리는 무작위로 선택한 4개의 신문에 11월 26일부터 28일 3일 중 실린 기사 중의 한 기사를 무작위로 선택하였다. 나는 그리스에 신문들이 발행된 뒤 하루가 지나서야 신문을 살 수 있었다. 내가 처음 신문을 산 시점에서 조원 중 몇몇은 자신들이 나머지 신문을 사는 것에 대해 개의치 않았다. 따라서 나는 신문을 사는 것을 중단하였다.

(Ferguson op. cit.: 167)

개방대학 학생들의 온라인 상호작용에 대한 다른 연구와 같이(Wegerif 1999; Littleton & Whitelock 2005) Ferguson은 조원 간 발생한 거의 대부분의 의사소통이 누적 대화와 유사함을 발견하였다. 예를 들면 관련 정보들은 공유되었고 다소 논쟁이나 부정적인 감정이 나타났으며, 논증을 바탕으로 한 토론과 질문을 통해 각 조원의 생각을 알아내려고 하는 시도는 자주 발생하지 않았다. 달리 말하자면 온라인 탐구 대화에 상응하는 특징은 자주 드러나지 않았다. 이에 반해 앞에서도 언급했듯이 논쟁 대화의 특징 역시 거의 나타나지 않았다. 그러나 Ferguson은 첨부된 대화들을 꼼꼼하게 살펴본 후 근거, 이의제기, 질문 등의 보다 '탐구'적인 특징들을 발견하였다. 종종 학생들은 내용을 정리하는 데에 있어 비동시적 온라인 의논에 기댈 수밖에 없었다. 토론을 돕기 위해 개선 가능한 목표들을 수용하고 긍정적 효과가 예상될 시에 동시적 대화에 의존하는 이러한 전략들은 학생들의 학습에 긍정적인 결과를 가져온 것으로 보인다. 학생들은 자신들이 과제를 수행하는 수단에 적합한 의사소통 방식에 적응함으로써 탐구 대화의 특징들을 보이는 토론에 알맞게 몰입하고 매우 효율적으로 온라인을 통해 인터씽킹을 할 수 있었다.

고등교육 학생들의 온라인을 통한 협동에 대한 다른 연구들 역시 가상 환경에서 어떻게 인터씽킹을 촉진할 수 있는지에 대한 이해를 돕는다. 예를 들어 아래의 기록은 이전에 언급한 두 연구자가 작성한 것이다.

> 그룹의 의견 일치는 온라인에서의 성공적인 협업을 진행하는 데에 있어 핵심적이다. 왜냐하면 집단원들이 서로 의견을 듣고 이해하며 마지막 결정을 내리는 데에 의견 일치가 필수적이기 때문이다. 심사숙고와 대화를 통해 의견 일치를 이루도록 강제될 때 학생들은 동의에 이르기 위해 가능한 모든 관점들을 꼼꼼히 고려해야 한다.
>
> (Dirkx & Smith 2004: 137)

저자들의 동료인 Christine Howe(2010)는 스코틀랜드의 여러 초등학교 과학 수업에서의 공동 학습에 대해 일련의 연구를 하였는데, 이 연구들은 그룹의 의견 일치에 관한 위의 언급과의 흥미로운 유사점들을 보인다. 이 연구에서 아동들은 다양한 조사에 참여하였다. 예를 들어 한 활동은 8세의 아이들을 짝을 짓게 했는데 아이들에게 비어 있는 금속 상자나 고무 반지가 물 위에 뜰 것인지를 예상하게 하였다. 결과를 예상하게 한 다음에 아이들은 이를 실제로 실험했다. 이 중 한 학급에서 교사는 아이들에게 실제로 실험을 하기 전에 조별로 동의된 하나의 예측을 만들게 하였다. 이후 다른 수업에서 아이들은 실제로 함께 실험을 하게 하였다. 몇 주가 지난 후에 아이들은 실험과 관련된 현상에 대해서 개별로 시험을 치렀다. 아이들은 실험 전 서로 동의를 구하기 위해 몇 주의 시간이 주어졌을 때 관련된 이러한 시험에서 더욱 나은 결과를 보였다. 이러한 결과는 실제로 의견 일치에 이르렀는지나 상반된 의견이 조정되었는지의 여부와는 관련이 없어 보였다. 여기에서 중요한 점은 동의를 구하고자 하는 시도 자체가 집단에서의 토론의 주요한 특징이라는 것이다. 이러한 결과에 대해 Howe는 동의를 구하는 과정이 아이들의 토론을 더욱 깊게 만들며 아이들이 더욱 구체적인 결론들을 내도록 이끈다고 설명하였다. 토론 중에 발생하는 아이들의 의견 사이의 불일치는 아이들이 자신들의 생각에 대해 심사숙고하게 하는 메타인지를 가능하게 하였다. 이러한 메타인지는 아이들이 현상에 대해 무엇을 고려해야 하는지와 관찰의 중요성에 대해 더 깊게 생각하게 하였다. 이러한 현상은 성인을 대상으로 한 다른 연구들의 결과와도 일맥상통하였는데, 이는 논증을 수반한 업무의 질을 향상시키는 데에 논쟁이 필수적임을 나타낸다. 이는 Schulz-Hardt, Brodbeck, Frey(2006)와 같은 예에서 찾아볼 수 있다. 따라서 아동과 성인들로 하여금 면대면인지 온라인인지와는 상관없이 성공적인 인터씽킹을 가능하게 하는 요인들을 일반화해볼 여지가 있다.

연구자인 Ingram과 Hathorn 또한 온라인으로 함께 작업하는 학생들의 의사소통에 대하여 유용한 통찰을 제공한다. 두 연구자는 이 책의 제3장에서 소개한 Moran, John-Steiner(2004)와 Seddeon(2004)과 같은 방식으로 '협력적인 학습'과 '공동 학습'을 구분한다.

협력은 일을 함에 있어 하나의 양식으로 '분할 정복'이라고도 불린다. 분할
정복은 학생들이 과제를 각 개인에게 거의 동일하게 분할하고 과제를 완료
하는 방식을 일컫는다.

대조적으로 우리는 공동 학습을 보다 복잡한 협업이라고 정의하였다. 이
는 학생들이 주제에 대한 지식이 늘어감에 따라 다른 학생들과 함께 과제의
전 영역에 대해 의논하고 내용을 덧붙이거나 수정하는 것을 말한다.

과제의 막바지에 이르면 개개인의 기여를 분명하게 나누는 것은 어려우며
거의 불가능하다. 상호작용의 복잡성과 가르침과 교육의 효율성이라는 부분
에 있어 협력적인 학습과 공동 학습은 차이점을 보인다.

(Ingram & Hathron 2004: 216)

비동시적 CMC를 통해 함께 일하는 대학생 집단에 대한 두 연구자의 분석
의 기초는 다음의 관찰에서 살펴볼 수 있다.

연구에서 가장 협동적인 집단의 특징 중 하나는 교사와 아주 드물게 상호작
용을 한다는 점이었다. 이 집단은 거의 독립적으로 일하였다. 대화 진행에
교사의 설명에 대한 짧은 응답만이 이 집단과 교사 사이에 일어난 상호작용
이었다. 실제 토론 중에 교사는 어떠한 참여도 하지 않았다.

대조적으로 가장 협동적이지 않았던 집단에서는 교사가 중요한 역할을 하
였는데, 교사는 집단에서 두 번째로 활발하게 기여하였다. 교사의 언급들은
대체로 짧았음에도 불구하고 교사는 집단에서 두 번째로 많은 언급을 하였다.

(Ingram & Hathron 2004: 238)

결론

우리는 이 장에서 아동집단이 교실에서 사용하는 대화식 전자칠판이나 물
리적으로 떨어진 대학생들이 이용하는 비동시적 CMC 환경과 같은 다양한
디지털 기술들의 이용이 생산적인 토론을 도울 수 있음을 보였다. 이러한

디지털 기술은 Wegerif(2007, 2010)가 정의한 '대화 공간'을 돕는 수단이 될 수 있다. 대화 공간은 사람들이 다양한 생각과 관점 및 이해를 공동으로 탐구하고, 대화의 진행과 떠오르는 생각들을 기록하고 수정할 수 있게 한다. 디지털 의사소통은 학생들에게 전통적인 교육 환경에서 수반되는 시간과 공간의 제약 없이 온라인으로 인터씽킹할 수 있는 기회를 제공한다. 그러나 우리는 모든 기술마다 나름의 제약이 있으며, 인터씽킹을 돕기 위한 전통적 의사소통 방법의 모든 기능을 새로운 의사소통 방식이 대체할 수는 없다는 점을 명시하였다.

우리가 온라인 의사소통에 관한 연구로부터 도출한 결론은 가장 성공적으로 공동 학습을 이루고자 할 때 온라인 상황이나 면대면 상황에 상관없이 적용되어야 하는 점들과 유사하다. 사용자들은 여전히 효과적인 인터씽킹 방법에 대해 배울 필요가 있다. 물론 양방향 대화 자체가 효과적이지만, 참여자들이 온라인에서의 탐구 대화를 바탕으로 하는 토론을 장려하기 위한 규칙들에 대해 동의할 때 학습을 위한 토론은 가장 생산적이 될 수 있다. 이를 위해 참여자들은 조원들의 적극적인 참여를 독려하고 방안들을 찾고 정리해야 한다. 또한 다른 조원들의 생각과 제안이 합당한 이유가 있으며 논증과 설명을 바탕으로 하는 경우 존중을 바탕으로 반문을 제기해야 한다. 전통적인 의사소통을 사용하는 집단의 경우 특정 시점까지는 누적 대화 역시 공동 학습에 도움이 될 수 있다. 예를 들면 고려할 필요가 있는 가능한 모든 생각을 모으는 데에 누적 대화는 효과적일 수 있다. 그러나 논쟁 대화는 면대면이나 온라인 환경 모두에서 동등하게 유용하다.

언어와 함께 생각하는 과정

서론

제5장에서 우리는 이전 장들에서 논의해왔던 아이디어와 연구 결과를 활용하여 인터씽킹 과정에 대해 현재까지 알려진 것을 통합하여 정리할 것이다. 기본적으로 우리는 제1장에서 요약해서 설명한 과정에 대한 사회문화적 설명을 제공하고자 하는데, 제1장에서는 개인사고와 공동사고 사이의 관계, 사람들이 함께 생각하는 문화 및 사회 맥락, 그리고 인간의 마음을 연결하는 언어의 주요 역할을 확인했었다. 제5장의 전반부에서 우리는 사람이 어떻게 인터씽킹을 학습하며 개인사고가 어떻게 공동사고에 관련되는가를 토론하기 위하여 교실에서의 대화에 대한 교육학 연구와 아동의 사고와 의사소통 기술의 발달에 대한 심리학 연구의 결과를 활용할 것이다. 우리가 논의해온 개념들을 활용하여 우리는 공동사고가 어떻게, 그리고 왜 어떤 연령대의 사람들에게든 성공적인지에 대한 설명을 제안하고 이전 장에서 논의한 활동의 다양한 영역에 대한 이유를 설명할 것이다.

제5장의 후반부에서 우리는 제3장에서 숙고했던 주제인 공동의 성취로써

의 창의성에 대해 숙고하고, 이를 인터씽킹과 인터씽킹의 발전을 사회문화적으로 설명하는 것과 관련지을 것이다. 마지막으로 우리는 우리가 소개해왔던 주요 개념의 일부를 제시하고, 몇 가지 일반적인 결론을 도출할 것이다.

개인사고 및 공동사고의 발달

많은 교육 연구자들은 과업을 설정하고 그 결과를 평가하는 집단에 속한 다양한 연령대의 아동이 어떻게 협력하는가를 연구함으로써 공동 학습 과정에 대해 조사했다. 이 연구의 주된 목적은 일반적으로 교사의 관여 없이 집단으로 노력하는 방법이 개별 학생이 자신이 이해한 것을 학습하고 이해하도록 돕는 데 좋은지 여부를 확인하는 것이었다. 마찬가지로 어린 아동의 공동놀이 활동에 대한 심리학적 연구는 사회적 상호작용이 개인이 사고하고 학습하는 방식에 미치는 영향을 이해하는 것이 주된 관심사였다. 즉, 공동 활동에 관심이 있었음에도 불구하고, 기본적으로 이 연구는 개인주의적인 초점에 있다. 연구는 사람이 어떻게 문제를 해결하는 법을 학습하고 함께하는 세상에 대해 이해하는가에 대한 더 나은 설명을 제공하고자 하지 않았다. 그렇지만 우리가 설명했던 것과 같이, 이 결과는 다른 조사 분야의 연구 결과를 함께 고려해볼 때 인터씽킹의 과정을 전반적으로 이해하는 데 도움이 되었다.

우리의 연구 대부분은 교육 연구에 적용되어 왔다. 연구 목적은 교사가 전체 학생과 소집단 환경 모두에서 대화하는 기회를 최대한 활용하는 것이었다. 아동이 학습과 문제해결을 위해 대화를 효과적으로 사용할 수 있는지, 그리고 어떤 방법으로 대화가 아동의 추론 능력을 발달시키는가를 이해하는지. 우리가 Rupert Wegerif, Lyn Dawes, Sylvia Rojas-Drummond 그리고 다른 동료와 함께 실시한 일련의 학교 기반 연구 프로젝트(주로 Thinking Together 연구라고도 알려진)는 이전 책인 대화와 아동 사고의 발달(*Dialogue and Children's Thinking Development*)(Mercer & Littleton 2007)에서 자세히 설명했었다. 우리는 그 연구에서 알게 된 것을 활용할 것이지만 그 정보를 여기에 중복해서 활용하진 않을 것이다. 우리는 아동이 인터씽킹을 위해 어떻게 언어를 사용하는지를 학습하는가에 많은 관심을 기울이지 않을 것인데, 왜냐하면 우리와 동료는 다른 문헌에서 이미 상세하게 기술했기 때문이다(Dawes 2008, 2010, 2011, 2013; Littleton & Howe 2010; Mercer 1995; Mercer & Hodgkinson 2008; Littleton & Mercer 2013; Wegerif & Dawes 2005). 대신 우리는 그 연구가 아동이 함께 생각하는 능력의 발달에 대해 우리에게 설명할 수 있는 것과 그것이 어떻게 인터씽킹에 대한 우리의 전반적 이해에 영향을 미치는가에 대해 고려할 것이다.

아동의 삶에서의 대화 환경

이 책의 주된 관심사는 작업과 사고를 함께하는 연령이나 지위가 비슷한 사람들이다. 부모나 교사가 학습자에게 활동을 지시하거나 안내하는 보다 '불균형적인' 상호작용에 비해 우리가 '균형적인' 상호작용이라고 부르는 함께 또는 혼자 사고하는 법을 학습하는 아동의 능력의 기초는 성인과의 대화에서 찾을 수 있다. 유치원 아동들이 가정에서 참여하는 대화의 양과 질은 아동마다 상당한 차이가 있고, 아동이 10대일 때 학교에서의 성공은 아동의 초기 언어 경험과 관련이 있다고 한동안 알려져 왔다(Hart & Risley 1995). 또한 가정에서 부모나 타인과 함께한 대화는 글을 읽고 쓰는 능력 발달과 중요한 사건을 기억하는 아동의 능력에 도움이 될 수 있음을 보여주었는데, '자세하게 설명하는' 대화를 하는 부모의 자녀에게 가장 잘 발달하였다(Fivush & Hammond 1990; Reese, Haden, & Fivush 1993; Wells 2009; Goswami & Bryant 2007). 이는 우리의 관심사에 의미가 있는데, 왜냐하면 자세히 설명하는 대화는 본질적으로 부모 또는 다른 성인이 아동과 함께 그들이 발견한 상황situation에 대해 대화를 시작하고, 부모(또는 다른 성인)-

아동 쌍은 무슨 일이 일어나고 있는가에 대해 함께 생각하는 데 대화를 사용하기 때문이다. 비록 전형적으로 이 대화는 성인에 의해 주도되긴 하지만, 자세히 설명하는 대화는 아이디어를 공개적으로 공유하고 관찰한 현상에 대해 가능한 설명을 비판적이지만 신뢰로운 분위기에서 다뤄질 수 있다는 점에서 누적 대화와 탐구 대화 모두와 어느 정도 유사하다. 연구팀은 또한 성인의 관점과 어린 아동의 관점 사이에 흥미로운 차이점이 있음을 밝혔다. 아래에는 우리의 동료 Ryn Dawes가 기록한 리타(4세)라는 아동이 강에서 보모(나탈리)와 함께 오리에게 먹이를 줄 때 있었던 자세히 설명하는 대화이다.

발췌문 5.1 오리에게 먹이 주기

나탈리 : 오리가 많네. 리타, 너는 오리가 무엇으로 덮여 있다고 생각하니?

리타　 : 비단이요

나탈리 : 비단, 음, 너는 오리가 어떻게 떠다닌다고 생각해?

리타　 : 오리는 수영해요.(오리들을 바라보며) 하지만 물속에서 이모는 오리의
　　　　 뒷발만 볼 수 있어요.

나탈리 : 뒷발? 오리는 발이 몇 개인데?

리타　 : 4개요!

나탈리 : 자, 실제로는 두 개란다. 오리의 앞다리가 날개로 변한 게 아닌가라
　　　　 고 나는 생각해.

리타　 : (웃기지만 불신하는 듯) 아하!

물론 어린 아동의 가정생활의 대화 환경은 부모 혹은 다른 보호자가 선택한 대화 양식에 의해서만 설명될 수는 없다. 하지만 연구 결과는 아동이 자신의 어린 시절 동안 참여한 대화의 양이나 질이 그들의 지적 발달과 교육적 성취에 중요한 영향을 미친다는 입장을 지지하기 때문에, 그 과정에서의 언어가 하는 역할에 대해 설명할 필요가 있다. 가정에서 아동이 대화에 많

이 참여하는 것은 아동이 더 많은 어휘를 습득하도록 돕고, 성인과의 대화를 통해 더 많은 정보를 얻도록 돕지만, 이 요인들은 그 자체로 충분히 설명되지 않는 듯하다. 비록 가정 내에서의 대화의 질과 사회경제적 지위 사이에 어떤 연관성이 있을지라도, 많은 사회에서 중산층의 억양과 대화 양식을 습득하는 일부 아동을 기준으로 성취의 차이를 설명할 수는 없다(하지만 이는 사회의 어떤 계급에 사회적 접촉 기회를 얻는 데 유용할 수 있다). 물론 여러 요인이 개인의 교육적 성취와 사회적 계층의 유동성에 영향을 미칠 것이다. 그러나 증거에 기반하여 우리는 초기의 언어 경험의 질은 아동에게 중요하다고 제안하는데, 왜냐하면 자신의 주변사람으로부터 어떤 방법으로 언어를 사용하여 세상을 이해하고 추론하는지를 학습하기 때문이다.

대부분의 아동은 하나 또는 그 이상의 언어를 유창하게 말할 수 있는 환경에서 성장한다. 하지만 이러한 사실이 경험한 것을 묘사하고, 사회관계를 관리하고, 문제를 해결하고, 자신의 입장을 논쟁하고, 일을 처리하기 위하여 언어를 사용하는 다양한 방법을 학습할 수 있는 기회가 모두에게 똑같이 주어진다는 것을 의미하는 것은 아니다. 제2장에서 우리는 특정 직종이나 활동을 수행하는 것과 관련한 언어—언어 유형—의 특수화된 형태에 대해 논의했었다. 평범하고 일상적인 삶의 조건 속에서도, 우리 각각은 일을 처리하기 위해 다양한 유형을 학습해야만 한다. 어떤 것은 가게에서 무언가를 구입할 때 사용되는 모두가 배울 수 있을 것 같은 단순하고 매우 일반적인 유형이다. 혹은 '근거를 입증하는 토론'의 유형과 같이 보다 덜 일반적인 유형이다. 아동은 처음에 지역사회 내에서 나이가 많고, 보다 경험을 많이 한 구성원과의 상호작용에 참여함으로써 이러한 언어의 기능적인 사용을 학습한다. 지역사회의 나이가 많은 구성원의 본보기와 안내를 통하여, 아동은 어떻게 명확한 설명을 제공하는지, 어떻게 합리적인 논쟁을 제시하는지, 어떻게 어려운 정서적 상황을 협상하는지 등에 대해 학습할 수 있다. 아동은 그다음에 이러한 기술들을 다른 아동과 상호작용할 때 사용하고 발달시킬 수 있다. 이러한 종류의 연습은 언어 능력을 발달시키는 데 필수적이다.

  사회적 언어 사용과 교육적 성취를 연구하는 많은 연구자는 일부 가정이나 일부 지역사회의 아동은 다른 가정 또는 다른 지역사회의 아동보다 덜 다채로운 언어 경험을 할 수도 있다는 사실을 수용하는 것에 크게 반대한다. 1970년대의 Basil Bernstein의 연구(Bernstein 1971, 1975)는 노동자의 삶을 이해하기 위하여 노동자 계급 생활의 언어 습관을 '한정된 코드'로 관련지었고, 이 개념은 격분을 불러일으켰는데, 이 연구의 개념과 코드를 연결하는 이유는 거의 드러나지 않았다. 이는 중산층 문화의 언어 사용의 전형이라고 불리는 '자세히 설명하는 코드'와 대조적이었고, 서로 다른 계층의 배경을 지닌 아동 간 교육적 성취를 설명하는 데 사용되었다. Bernstein의 코드 이론에 대한 토론은 매우 격렬하고 강렬했다. 토론에서 (누군가는) 중산층 계급과 노동자 계급의 언어 양식에 대한 그의 설명은 실제 가족의 삶에서의 언어 사용에 대한 견고한 실증적 비교에 근거하지 않았다는 타당한 이유를 들어 주장하였다. 한 가지 결과는 코드에 대한 어떠한 토론, 혹은 '언어적 결핍'을 경험한 일부 아동에 대한 다른 유사한 개념조차도 언어 및 교육 연구자들 사이에서 거의 금기시되었다. 비록 교육 성취에서의 차이에 대한 대안적 접근이 만족스러운 설명을 제공하지 못했고 다른 잘 설계된 인류학 연구에서 서로 다른 지역사회의 언어 습관 간의 차이가 교육 실습의 언어와 어느 정도 일치하는가에 대해 잘 설명했음에도 불구하고 말이다(예 : Heath 1982).

  그러나 최근 몇 년 동안 번스타인이 제안한 설명과 관련한 연구가 좀 더 미묘한 버전으로 이루어졌다. 사회언어학자 Gee는 다음과 같이 말했다.

  학교는 지금의 구성처럼 궁극적으로 전문가의 다양한 언어를 배우는 곳이고, 특히 교과서와 관련된 다양한 학문적인 언어를 배우는 곳이다. 어떤 아동은 학교에서 초기에 다양한 학문적 언어를 사용하는데, 이것은 아동이 가정에서 이미 배운 것이다. 그러나 일부의 아동은 그렇지 않다.

(Gee, 2004: 19)

위에서 언급한 Reese 외(1993), Hart와 Risley(1995) 그리고 Wells(2009)와 같은 경험적 연구는 번스타인이 언어를 문화적 도구로써 사용하는 집단의 방식과 언어를 인지적 도구로써 사용하는 개인의 방식 사이에서 시도했던 몇몇 관련성은 새롭게 고려될 가치가 있다고 제안한다.

어떤 아동에게는 아마 많은 아동에게는 학교는 아마도 집단으로도 그리고 혼자서도 언어를 사고의 수단으로 사용하는 몇 가지 소중한 방법을 경험하고 습득할 수 있는 유일한 기회일지도 모른다. 분명하고 명확한 설명을 제공하는 경험은 아이디어와 절차에 대한 추론 능력과 마찬가지로 학교에서 매우 유용할 수 있다. 합리적인 토론은 아마도 학교 밖의 삶에서는 자주 경험하지 못하는 유형일 수 있다. 사회문화적 관점에서 볼 때 다른 사람과 함께하는 추론은 아동에게 혼자 추론하는 방법에 대한 모델을 제공하기 때문에 중요하다. 일부 아동에게 교육적 성공은 학교에서 언어를 혼자 생각하는 도구로써 사용할 뿐 아니라 인터씽킹을 위한 도구로 사용하는 방법을 학습하는 것이 가능하게 하는 정도에 따라 달라질 것이다. 이는 교실에서 사용하는 대화의 특성에 특별한 의미를 부여한다.

집단 내에서 학생들의 대화

학교의 집단 활동 — 일반적으로 '공동 학습'이라고 부르는 — 하는 학생에 대한 연구는 흥미로운 역설을 발견했다. 공동 작업은 수학과 과학을 포함한 모든 과목을 공부하는 데 강력한 도움이 되고, '양도 가능한' 추론과 의사소통 기술의 발달에도 유용하다는 것이 밝혀졌다(Slavin 2009; Howe 2010; Vass & Littleton 2010 참조). 하지만 다른 연구에 따르면 대부분의 교실에서 대부분의 시간 동안 집단 활동은 상당히 비생산적이다(Littleton & Howe

2010 참조). 제1장에서 언급한 것과 같이 학교 내에서 우리가 관찰한 것은 이 역설을 지지한다. 이 역설에 대한 해결책은 많은, 아마도 대부분의 학생은 어떻게 하면 효과적으로 함께 이야기하고 활동하는지에 대해 모르지만, 교사는 학생들이 알고 있다고 가정한다는 것이다. 학생들은 어떻게 효과적으로 함께 이야기하고 활동하는지를 배워야만 한다. 함께 작업하는 기회를 주는 것만으로는 충분하지 않다. 만약 학생들이 언어를 사용하여 인터씽킹하는 방법을 배운다면, 학생들의 공동 활동은 훨씬 더 생산적이 될 것이다. 우리의 학교 기반 연구와 다른 학교 연구 기반 연구는 이 논증에 대한 근거를 제시한다. 연구 결과에 따르면 교사가 학생들과 함께 교육적으로 생산적인 대화를 설정하고 유지하면, 그 대화는 학생이 집단에서 함께 대화하고 활동하는 방식에 영향을 미칠 수 있다(Webb, Nemer, & Ing 2006; Webb 2009; Littleton & Howe 2010; Littleton & Mercer 2010; Littleton & Mercer 2013).

제1장에서 우리는 학생들의 집단 활동에서 관찰된 토론을 논쟁, 누적 및 탐구의 세 가지 유형과 관련지어 기술하였다. 이 유형을 설명하기 위하여 집단 토론의 세 가지 예를 제시했었다. 처음의 두 가지 유형과 같은 대화는 매우 일반적이지만, 탐구 대화('설명하는 대화'로도 알려져 있음, Resnick 1999)는 매우 드물다. 하지만 그것은 성공적인 협동 학습과 관련된 종류의 대화를 전형적으로 나타낸다. 간단히 말하자면 학생은 함께 추론하기 위하여 대화를 사용하는 방법을 배울 필요가 있다. 탐구 대화를 사용하더라도 교사가 학생을 돕지 않는다면 탐구 대화를 결코 성취할 수 없다. 함께 사고하기|thinking together 연구에서 우리는 교사가 아동에게 탐구 대화를 가르칠 수 있고, 초등학교 교실에서 탐구 대화의 사용이 증가하는 것은 탐구 대화에 참여하는 아동의 수행의 유의한 증가와 관련이 있었는데, 이는 수학과 과학에서의 추론시험과 교과 과정 평가에 의해 측정되었다.

이 시리즈의 한 전형적인 연구에서 초등학교 내 9~10세인 7개 학급의 아동에게 우선적으로 집단 내에서 효과적으로 작업하는 방법을 안내하였다. 교사는 학생에게 함께 대화하고 작업하기 위한 일련의 기본 원칙을 알려주고 안내했더니 그들은 탐구 대화를 발생시켰다. 아동이 교사에게 안내를 받기 전보다 후에 아동 집단 토론의 양적 및 질적 평가는 7개 학급의 아동이 탐구 대화를 훨씬 더 많이 사용하기 시작했다는 것을 증명했다. 공동으로 사고하기 위해 대화에 초점을 두는 것은 이후 8개월 뒤에도 유지되었다. 교사는 아동에게 수학과 과학을 가르칠 때 학급 토론, 집단 작업, 그리고 학습을 위한 대화에 대한 아동의 인식이 발달하는 것을 강조한 '대화형' 접근을 사용하였다. 총 109명의 아동이 이 프로그램을 끝마쳤으며, '통제' 학급인 121명의 아동은 교수법의 변화가 없는 동일한 수학 교과 과정을 끝마쳤다.

함께 작업하는 아동의 대화를 조사함으로써 우리는 실험 학급의 집단이 탐구 대화를 보다 많이 사용하였을 뿐 아니라 문제를 해결하는 최상의 해결책을 성취하는 경향이 있음을 발견하였다. 제1장과 제4장에서 설명했던 몇 가지 분석에서 보았듯이 '왜냐하면', '만약에', '왜'와 같은 단어는 탐구 대화를 발생시키는 기본 원칙을 사용하는 법을 배운 아동에게 보다 흔하게 나타난다. 실험학급과 통제학급 모두의 아동은 중재 기간 전후에 교과 학습에 대한 시험을 치렀다. 그 시험은 10~11세 사이의 아동의 성취도를 평가하기 위해 영국 주립학교에서 전반적으로 사용되는 표준평가과제Stnadard Assessment Tasks였다. 수학과 과학의 사전 사후검사에서 실험집단 아동은 통제집단 아동에 비해 유의미한 향상을 보였다.

탐구 대화가 아동의 학교 과목의 학습을 돕는다는 우리의 발견도 중요하지만, 흥미로운 것은 실험집단의 아동은 중재 동안 비언어적 추론에서도 유의미한 향상을 보였다는 결과다. 이는 널리 수용되는 측정법인 레이븐 매트릭스 검사(Raven's Progressive Matrices Test)(Raven, Court, & Raven 1995)다. 우리의 연구팀 중 일부(Wegerif, Perez, Rojas-Drummond, Mercer, & Velez 2005)가 멕시코 학교에서 진행한 프로젝트에서도 비슷한 결과를 보였다. 중재하는 동안 실험집단 아동의 레이븐 매트릭스 검사 점수가 증가했지만 통제집단은 실제로 감소하였다. 또한 Rojas-Drummond, Mazón, Littleton 및 Vélez(2012)가 멕시코에서 진행한 후속 연구는 탐구 대화를 사용하도록 교육받은 아동은 탐구 대화 사용법을 학습한 적 없는 통제집단의 아동에 비해 글을 더 잘 쓰고, 자신이 읽은 본문을 읽고 보다 논리적으로 요약해냈음을 보여주었다.

인터씽킹이 개별 추론에 영향을 미치는 이유

우리가 이전 책(Mercer & Littleton 2007)에서 다룬 함께 사고하기 연구의 결과를 토론할 때, 우리는 집단 작업을 하는 동안 탐구 대화에 참여하는 것이 각 아동의 추론 기술 개발을 어떻게 촉진할 수 있는가에 대한 세 가지 유형의 이유가 있다고 제안했다. 우리는 이를 **사용, 공동 건설, 변형**이라고 명명했다. 이후 우리는 이 이유들을 개선하려고 노력했으며, 최근의 연구(Mercer 2013)를 여기에 제시할 것이다. 세 가지 이유는 아동의 추론 능력 발달에 있어서 언어와 함께하는 활동의 역할에 대해 상대적으로 강력한 이론적 주장을 대변한다. 우리는 차례로 각각을 살펴볼 것이다.

1. **사용** : 집단 작업을 하는 동안 아동이 탐구 대화를 사용한다면, 아동은 서로에게 성공적인 문제해결 전략을 배울 수 있고, 각 아동은 이후의 관련된 모든 상황에 문제해결 전략을 적용할 수 있다. 이는 아동 각각의 사고에 미치는 집단 활동의 영향을 상대적으로 약하게 주장하는 것인데, 왜냐하면 타인을 유용한 지식의 원천으로만 인정하기 때문이다. 언어는 여기에서 중요한 역할을 하지만, 단지 한 사람의 생각에서 다른 사람의 생각으로 지식을 전달하기 위한 매체일 뿐이다.

2. **공동 건설** : 탐구 대화를 사용하여 자신의 정신적 노력을 조절함으로써 아동은 아이디어를 공유할 뿐 아니라 아이디어에 대해 논쟁할 수도 있

다. 인터씽킹을 함으로써 (집단의) 아동들은 그들 중 하나가 혼자 고안해낸 것보다 더 나은 과업을 완료하기 위하여 새롭고 효율적인 전략을 함께 구성할 수 있다. 아동 각각은 이후의 비슷한 문제를 겪을 때 새로운 효과적인 전략을 지속적으로 사용할 수 있다. 이는 각각의 상호 정신적 학습과 발달에 사회적 활동이 미치는 영향에 대한 더 강력한 주장을 나타내는데, 왜냐하면 이는 단지 각각의 생각뿐 아니라 집단적 추론에서도 효과적인 인지 전략의 기원을 찾아내기 때문이다. 집단 내의 개인은 또한 자신의 파트너와 새로운 이유를 공동으로 구성하는 공동 건설을 통해 새로운 수준의 이해를 얻을 수 있다.

3. **변형** : 탐구 대화를 사용하는 것은 아동이 함께 추론하는 것만 돕는 것이 아니다. 특히 아동이 의식적으로 교사와 함께 동의한 대화의 기본 원칙을 채택한다면, 이는 어떻게 자신이 (다른 아동과) 함께 대화하고 추론하는가에 대한 메타인지적 인식을 향상시킬 것이다. 다른 학생이 생각하는 것과 그들 자신의 관점의 모순을 보다 인식하게 됨에 따라, 또한 그들의 '마음 이론' 능력을 자극할 가능성이 크다. 이와 같이 변형은 아동 자신과 타인의 아이디어를 고려할 때 심리학자 Muller-Mirza와 Parret-Clermont(2009)가 '반응적 태도'라고 부른 것을 취하도록 고무시킨다. 아동은 이런 경험을 통해 탐구 대화의 추론적 토론을 추론 모델로 내면화시킬 수 있다. 아동은 자기 자신과 일종의 합리적인 대화를 나눌 수 있게 된다('한편으론 ~ 하지만 다른 한편으론~'). 그들의 상호 정신적 사고는 상호 정신적 활동을 통하여 대화에 더욱 참여하게 되는 것으로 변형될 것이다. 이는 추론의 더욱 고차원적인 형태의 수행을 나타낼 것인데, 이는 아동이 문제와 이슈를 보다 비판적이고 공정한 방식으로 평가할 수 있도록 하며, 그들 스스로 과업을 수행할 때 자기 자신의 문제해결을 모니터하고 조절할 수 있도록 돕는다.

세 가지 이유는 모두 구술 대화의 사용과 추론의 발달을 관련짓는다. 각 이유는 또한 정보를 공유하고, 일반 지식을 평가하고, 목표 지향적 활동을 계획하는 독특한 인간의 능력을 아동이 학습하고 인지적 및 사회적으로 발달하는 방법을 관련짓는다. 각 이유는 가능한 유용한 지식과 인지적 기술을 지역사회의 구성원들 사이에 전파할 가능성을 보여준다. 세 가지 이유는 상호 배타적이지 않고, 이 세 가지 이유 모두 특정 상황에서 협력적인 학습이 개별적 학습과 성취에 미치는 영향을 설명할 수 있다. 하지만 '사용' 이유는 꽤 평범한 반면, '공동 건설' 이유와 '변형' 이유는 평범하지 않다. '공동 건설'은 '집단 지성'의 적용을 암시하기 때문에 흥미로운데(Woolley Chabrsi, Pentland, Hashmi, & Malone 2010), 이는 개인이 홀로 할 수 있는 것 이상으로 성취할 수 있게 한다. 하지만 가장 흥미로운 것은 '변형' 이유인데, 왜냐하면 언어를 문화적·사회적으로 사용하는 것과 심리적 발달을 연결하기 때문이며, 이는 제1장에서 설명한 비고츠키(1962, 1978)의 주장과도 일치한다. 이 기본 과정에 관련된 우리의 해석은 그림 5.1에 제시하였다.

그림 5.1은 언어 경험과 인지적 발달 사이의 관계를 나타낸다. 두 개의 차원 안에서 볼 때 이 과정은 주기적인 것으로 보일 수도 있지만, 우리는 이것이 공간보다는 시간을 통해 확장하는 나선형으로 보이기를 의도하였다.

| 그림 5.1 | 비고츠키 학파의 사회적 언어 사용과 인지 발달 사이의 관계

아동은 사회라는 세계에서 태어나는데, 사회라는 세계 안에서 아동은 언어
를 유창하게 사용하는 화자가 되기 전에도 타인의 대화에 참여하게 된다.
아동은 자신의 주변에 있는 사람과 관계를 맺으며 언어를 습득하기 시작하
고, 타인이 언어를 사용하는 것을 들으면서 세상을 이해할 수 있다. 아동은
일반적으로 타인과 함께 인생을 경험할 뿐 아니라 함께 인생을 경험한 주변
사람들은 종종 아동에게 함께 경험한 것에 대해 설명할 것이다. 아동 주변
의 사람은 아동이 자신의 이해하는 방식을 발달시키기 위한 모델 역할을 할
수 있는, 그림 5.1에 있는 '언어를 사용하는 방식'을 사용한다. 이것은 대화
과정이다. 아동은 자기 자신의 경험에 대한 설명을 대화로 표현하는 법을
학습하고, 그들이 경험한 것에 대해 질문하면서 단어를 어떻게 사용하는지
배울 수 있다. 아동이 세상을 이해하는 방식은 아동이 언어로 표현되는 지
식을 듣고, 자신의 언어로 부호화하여, 상황을 이해하는 도구로써 적극적으
로 사용하면서 형성된다. 그리고 아동이 학습하고 어른으로 발달하며, 지역
사회의 대화에 대한 아동의 적극적인 참여/기여는 지역사회의 고유한 지식
에 더해질 수 있고, 지역사회 내에서 언어를 사용하는 방식을 포함하여 사
회의 관습을 변화시킬 수 있다. 아동이 만들어내는 어떤 유용한 아이디어나
말하는 방식은 아동의 지역사회의 문화적 공통 지식의 일부가 될 수 있으
며, 따라서 그들의 자녀에게 이해를 돕고 언어 훈련을 위한 자원으로 활용
될 수 있다. 이와 같이 과정은 문화적 습득과 재생산 중 하나가 아니라 문화
적 회복의 창조적 과정이다.(공식적으로는 말할 수 없지만, 우리는 이것이
대학의 문화적 기능이 진보된 교수법으로 축소될 수 없는 이유라고 언급한
다. 이 둘은 새로운 각 세대의 학자들이 각 주제 분야의 담론 공동체에 편입
될 수 있도록 새롭고 진보된 창조적 사고를 가능하게 하는 것과 똑같이 중
요한 역할을 한다.)

대화와 자기 조절, 메타인지, 그리고 상호 조절의 발달

아동기 본성은 아동이 태어나 자기 스스로를 챙길 수 있는 능력이 생길 때까지 지역사회는 아동의 활동을 지지하고, 제한하고 안내하며 지도하므로 아동은 지역사회의 규범적인 요구에 익숙하다는 것이다. 아동이 상대적으로 독립적인 존재가 되는 방법 중 하나는 (자신의 성인 양육자로부터) 자신의 행동을 통제하고, 감시하고, 반성적으로 평가하는 책임감을 맡는 법을 배우는 것이다. 이 책임감에는 아동 자신의 사고 과정을 통제할 수 있는 것을 포함한다. 인생의 어려움에 대응하고 개인의 목표를 성취하기 위해 아동 자신의 사고와 행동을 통제하는 능력을 자기 조절self-regulation이라고 한다 (Zimmerman 2008; Whitebread & Pino-Pasternak 2010). 심리학 등 자기 조절의 발달을 조사한 연구는 개인주의적 관심에 더 초점을 두었다. 자기 조절을 할 수 있게 되는 능력은 어떠한 방법으로 아동 인지 발달이나 학습과 관련되게 되었는가? Winne와 Hadwin(2008)은 효과적인 자기 조절을 하는 사람을 "목표를 설정하고 자신의 학습을 위한 계획을 세우고, 자신의 목표를 향한 과정을 점검하고, 필요에 따라 목표 달성을 위한 전략을 수정하는 사람"이라고 정의한다. 자기 조절은 자기 자신의 행동에 대한 반영적인 숙고를 요구하기 때문에 필연적으로 사고하는 것 자체에 대해 사고하는 메타인지와 관련된다. 연구자들은 문제해결을 하는 동안 자기 조절을 하는 능력은 효과적 학습의 주요한 결정요인일 수 있음을 밝혔다(Veenman & Spaans 2005; Whitebread & Pino Pasternak op. cit.).

정의에 따르면 자기 조절은 개인의 행동과 관련이 된다. 하지만 인터씽킹의 맥락에서 보면 자기 조절은 발달심리학과 관련된 개념들과 연관되는데, 이는 우리가 제1장에서 소개했었고, 제4장에서 아동 집단 활동에서 토론할 때 사용했던 대화식 전자칠판에서 사용했었다. 이것은 공동 조절이다(Volet, Summers, & Thurman 2009). 발달심리학자들은 '공동 활동의 지속적인 점검과 조절로, 단순한 개인 활동으로 축소될 수 없는 것'을 공유된 조절이라고 설명하였지만(Vauras, Iiskala, Kajamies, Kinnunen, & Lehtinen 2003 : 35) 우리는 공동사고의 특성을 보다 잘 담고 있는 상호 조절이라는 단어를 더 선호한다.

제1장에서 설명했듯이 우리의 진화 역사에 근거한 인간 인지의 독특한 특징은 우리는 개인의 인지 능력을 집단사고 능력으로 결합시킬 수 있다는 것이다. 우리는 언어와 다른 의사소통 방법을 사용하여 함께 문제를 해결할 수 있다. 우리는 상호작용하고 복잡한 사회관계를 관리할 뿐 아니라 다른 동물들은 할 수 없는 방식으로 인터씽킹을 가능하게 하는 '사회적 두뇌'를 갖고 태어났다. 비고츠키가 제안했듯이 이는 인간이 함께 사고하는 학습 방법과 홀로 사고하는 학습 방법은 동일한 발달 과정의 측면임을 의미한다. 인간의 인지와 발달에 대한 모든 이론은 상호 정신적 본성intermental nature과 정신 내적 본성intramental nature 모두를 다룰 수 있어야 한다 .

비고츠키에 따르면 Wertsch(1979, 1985)는 아동이 조절을 받는 경험을 하는 것은 자신의 행동을 조절할 수 있는 틀을 제공한다고 제안했다. 이와 같이 비고츠키는 어떤 문제를 해결하기 위한 논리적 절차를 안내받고 지도받은 아동이 어떤 방식으로 그러한 문제를 혼자서 해결할 수 있는 절차를 내면화하는지에 대해 설명하였다. 즉, 아동은 초기에 자신의 행동을 조절한 외적 · 사회적 메커니즘과 내적 · 심리적 연관성을 창조한다. 그림 5.2는 상호 정신적 활동과 상호 정신 내적 활동 과정의 기본을 표현한 것이며, 그림 5.1에 표현한 것과 같이 나선형이다.

그림 5.2는 아동의 자기 조절을 위한 모델인 조절되는 경험을 묘사하고 있지만, 그림 5.1과 같이 그 과정은 나선형이고, 진보적인 형태를 보인다. 아동은 스스로를 좀 더 잘 조절하게 됨에 따라, 그리고 그들이 조절되는 경험으로부터 배워감에 따라, 타인에 대한 어느 정도의 통제력을 발휘할 수 있게 된다. 또한 아동은 타인과 함께하는 활동에서 공동 조절에 참여할 수 있게

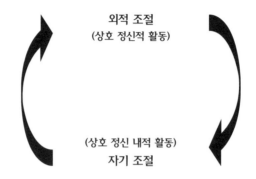

외적 조절
(상호 정신적 활동)

(상호 정신 내적 활동)
자기 조절

| 그림 5.2 | 비고츠키 학파의 외적 · 사회적 조절과 자기 조절 발달 사이의 관계

된다.

비고츠키는 그림 5.1과 5.2에 나타난 과정 사이에 강력한 상관이 있다고 제안했다. 예를 들어 그는 어린 아동이 문제를 통하여 자기 자신에게 이야기하기 위해 사적인, 또는 '자기 중심적인' 말을 일반적으로 사용하는 것은 외적 조절을 반복해 상기하는 것이고, 이는 언어가 문화적 도구와 심리적 도구 모두로 기능하는 방식을 설명한다고 제안하였다. 위에서 언급했던 Wertsch의 연구는 아동이 성인에게 문제를 해결하기 위한 전략을 듣는다면, 아동은 그다음에 종종 같은 종류의 문제에 대해 자기 스스로에게 이야기할 수 있게 된다는 것을 밝혔다. 그리고 심지어 그들이 생각하는 것을 입 밖으로 말할 필요가 없을 때에도 아동은 언어 기반 절차를 사용하여 사고할 수 있다.

비고츠키의 연구에 대한 최근 평가에서 Miller(2011: 370)는 다음과 같이 판단하였다. "나는 당신에게 가르치고 당신에게 배울 수 있을 뿐 아니라 나에게도 가르칠 수 있다. 그리고 내적 언어인 이 기능은 자기 조절의 기초가 된다."

우리는 이제 그림 5.1과 5.2를 연결시킬 수 있다. 만약 여러 명의 아동이 탐구 대화에 참여하며 한 집단으로 과업을 한다면, 그들은 구술적 언어를 문화적 및 인지적 도구로 사용하며, 함께 추론하고 동시에 자신들의 활동을 상호 조절한다. 그들은 인터씽크하기 위하여 지역사회의 문화적 자원에서 배운 기능적인 언어 유형을 사용하고 있다. 예를 들어 '한 집단원이 목소리가 들리지 않거나' 혹은 '해명해야 할 필요가 있는 특정한 아이디어나 해결책을 지지하는 이유'에 대하여, 그들이 토론하는 동안 탐구 대화를 위한 기본 원칙을 적용한다면, 그들은 또한 자신들이 개입하고 있는 인터씽크의 절차를 어떻게 공동 조절할 것인가에 대하여 반영적 인식을 보인다. 함께 추론하고, 공동 조절하는 집단원들의 상호 정신적 활동은 홀로 추론하고 자기 자신의 문제해결 활동을 자기 조절하는 상호 정신 내적 활동의 모델을 제공한다. 이는 각 개인의 지적 능력의 발달에 대한 사회문화적 설명이며, 이는 관련 연구 결과와 일치한다.

제4장에서 설명했던 초등학교에서 대화식 전자칠판을 사용한 우리의 최근 연구에 기초하여, 우리는 탐구 대화의 기본 원칙과 원리를 아동에게 초기에 실시하는 것은 공동 조절에 대한 책임이 집단으로 넘어가는 전환기를 보일 수 있다(Warwick, Mercer, & Kershner 2013). 탐구 대화 절차에 참여하는 책임감이 전환되는 것은 세 단계로 이루어진다고 제안한다: 교사의 책임, 공동의 책임, 학생의 책임. 처음에 교사는 대화를 위한 기본 원칙에 포함되어 있는 외부적인 안내를 제공하여, 아동이 자신들의 집단 작업을 설정하도록 돕는다. 하지만 기본 원칙이 단순히 아동의 집단적 인터씽킹에 대한 초기에, 임시적인 지원을 제공하는 것은 아니다. 기본 원칙은 향후 집단 작업을 공동 조절하기 위한 지속적인 체계를 제공한다. 처음에 아동은 약간 기계적이고 문자적인 방식으로 기본 원칙을 사용할지도 모른다. 하지만 시간이 지남에 따라 기본 원칙은 대화체이며, 역동적이고, 지속적인 방식으로 아동의 공동사고에 통합되고, 집단원은 (다른 집단원의) 반응과 자신들이 언어를 사용하여 상호작용하는 방식을 통해 자신의 활동을 조절한다. 우리는 모든 연령의 사람들은 보다 효과적으로 인터씽크하는 사람이 되는 것을 학습하며 변화하는 과정을 겪을 수 있다고 제안한다.

왜 인터씽킹은 때때로 개별 사고보다 더 나은 결과를 가져오는가

우리는 인터씽킹이 아동의 인지 발달과 학습을 어떻게 돕는지에 대한 사회 문화적 설명을 제공했다. 우리는 이제 같은 사회문화적 틀을 사용하여, 어 떻게 그리고 왜, 일상생활에서 함께 생각하는 것이 혼자서 노력하는 것보 다 문제를 해결하기 위한 창조적 해결책을 성취하는 데 도움이 되는지 설명 하고자 한다. 이 장의 전반부에서 우리는 아동이 탐구 대화에 참여하는 것 이 왜 아동의 추론 기술을 발달시키는가에 대한 세 가지 가능한 이유를 제 안했었다: 사용, 공동 건설, 변형. 왜 그리고 언제 집단사고가 작업 환경 및 제 2 · 3 · 4장에서 토론된 상황에서 생산적인가에 대하여 유사한 종류의 이유 를 제시할 수 있다. 이 경우에 우리는 집단 인지가 개인의 학습 또는 발달에 미치는 영향에 관심을 갖는 것이 아니라, 왜 집단이 — 적절한 조건하에서 — 개인보다 문제에 대해 보다 훌륭하고 창의적인 해결책을 성취할 수 있 는가에 있기에, 우리는 적절한 이유를 채택해야 할 필요가 있다. 우리는 차 례로 각각을 살펴볼 것이다.

1. **사용** : 누적 대화와 유사한 상호작용 방법을 사용함으로써 집단원은 관 련 정보와 문제해결 전략을 공유할 수 있다. 일부 집단원은 특정 종류 의 문제를 다루기 위한 좋은 전략을 알고 있을 수 있고, 일부 집단원은 모를 수도 있다. 어떤 집단원도 모든 걸 알고 있지 않기에 다른 관련 지식도 집단원들과 공유할 수 있다. 그들은 서로 대화함으로써 정보를 공유할 수 있다. 집단은 자신들이 알고 있는 것과 전문지식을 모두 모 으며, 집단원 각각이 개별적으로 문제를 해결하는 것보다 문제해결을 잘할 수 있다. 대화 과정과 관련된 모든 것은 이심전심으로 정확성이 있는 정보를 전달하기 위한(그리고 아마도 다른 표현 방식에서) 대화 를 사용하기 때문에 인터씽킹 대화 과정이 포함될 필요는 없다.

2. **공동 건설** : 탐구 대화로 대표할 수 있는 대화를 사용하여 집단원의 정신적 노력을 공동 조절함으로써 집단원들은 아이디어를 공유하고 결합할 수 있다. 공통의 목표를 추구하면서 아이디어에 도전하고 추론을 제시하는 이러한 공동 작업 토론은 집단원이 제시한 전략들 중 문제해결을 위한 최고의 전략을 선택하고, 현재 다루고 있는 과업에 적용하게 할 가능성이 크다. 집단원은 또한 집단원 각각이 혼자 성취할 수 있는 것보다 더 나은 과업을 완료하기 위하여 생산적으로 새롭고, 견고하며, 일반화할 수 있는 전략에 대해 함께 토론한다. 집단원의 성공적인 성과는 **어셈블리 보너스 효과**assembly bonus effect라고 불리는 것을 반영하는데, 집단의 성과는 가장 우수한 집단원 한 사람의 성과보다 우수하다는 것을 의미한다(Laughlin, Hatch, Silver, & Boh 2004). 이는 단지 개개인의 머릿속에 있는 자원을 모으는 것이 아닌, 집단 작업 활동의 역동을 통한 팀워크의 이점을 설명한다. 이러한 환경 내에서 언어는 지식을 공유하는 매체일 뿐 아니라 건설적인 인터씽킹 과정을 건설하고 조절하기 위한 매체이다.

3. **변형** : 만약 탐구 대화와 유사한 대화가 집단 내에서 이루어진다면, 집단원들 사이의 상호작용은 집단원들이 관련 정보를 공유하고, 그들의 활동을 공동 조절하고 문제를 해결하기 위한 좋은 전략을 공동 건설하도록 돕는다. 하지만 이 경험은 공동으로 추론하는 집단원의 기술 또한 발달시키고, 그들은 보다 인터씽킹에 숙련될 수 있다. 탐구 대화에 참여하는 것은 집단원의 마음 이론 능력을 자극하여, 집단원은 서로 다른 관점의 가능성을 보다 많이 인식하게 된다. 집단원은 함께 대화하고 작업하기 위해 사용하는 기본 원칙의 적합성을 함께 숙고할 수 있고, 그에 따라 자신들의 노력을 모니터하고 개선할 수 있다. 이는 집단 활동의 효율성을 높이기 위해 공동 조절하도록 돕는다. 시간이 지남에 따라 집단원의 상호작용의 메타인지 특성으로 집단은 전보다 창

의적이고, 생산적이 된다. 이는 그림 5.1과 5.2에서 표현된 진보적이고 발달적인 나선형에 반영된다. 이러한 상황에서 언어는 집단에서 정보를 공유하고 문제에 대한 좋은 해결책을 공동 건설하기 위해 사용될 뿐 아니라 집단원들이 함께 작업하는 방식에 대하여 함께 숙고하고, 비판적으로 고려하는 도구이기도 하다.

인지 발달에 적용해보면, 이 세 가지 이유는 탐구 대화를 사용하여 잠재적인 긍정적인 성과를 얻는 것과 상호 배타적으로 설명하지 않는다. 이 세 가지 이유 모두 다 과업의 성격과 집단의 역동에 따라 더 적게 또는 더 많이 적용할 수 있다. 하지만 집단이 가장 효과적으로 작업할 수 있도록 도움을 줄 수 있는 방법은 다소 다른 의미가 있다. 사용은 집단원이 집단의 다른 구성원에게 정보를 명확하고 정확하게 전달하려고 노력해야 하는 것을 의미하므로, 누적 대화와 유사한 상호작용은 충분히 도움이 될 수 있다. 공동 건설은 집단원이 탐구 대화를 사용해야 함을 의미하므로, 집단원은 아이디어와 제안을 비판적으로 공평하게 평가할 수 있도록 솔직하고 합리적인 토론을 만들어내고, 최상의 문제해결을 추구한다(가장 소리 높여 이야기하거나 분명하게 이야기하는 집단원의 해결책이 아니라). 변형 또한 탐구 대화를 필요로 하지만, 덧붙여 집단원은 자신들의 집단사고 과정과 대화에 대해 숙고하는 메타인지에 참여해야만 하고, 이러한 숙고를 사용하여 그들의 집단 역동을 증진시키는 데 사용해야 한다.

　이 이유 중 두 개는 탐구 대화가 인터씽킹을 위한 대화의 가장 효과적인 형태임을 암시하며, 일반적으로 이것은 사실이다. 제2장의 집단 작업에 대한 연구, 제4장의 컴퓨터 매개 소통에 대한 연구, 그리고 제3장의 공연 예술에 대한 창조적 토론에 대하여 검토한 것은 모두 이러한 일반적 결론을 도출한다. 하지만 '사용' 이유는 탐구 대화가 언제나 필요한 것은 아니라는 입장을 지지한다. 예를 들어 '알맞은' 답이 없는 아동의 창조적인 이야기 쓰기를 분석한 우리의 최근 연구에서 아동이 명확하고 합리적인 논쟁을 하지 않아도 의미를 협상하기 위하여 서로의 공헌을 통합하고 정교화하고, 그리고/또는 재구성하는 누적 대화의 형태가 성공적인 결과를 가져오는 것으로 밝혀졌다(Rojas-Drummond, Albarrán, & Littleton 2008; Rojas-Drummond, Littleton, Hernandez, & Zúñiga 2010). 서로 다른 공동으로 작업하는 과업은 서로 다른 종류의 대화와 연관되어 있는데, 집단이 함께 작업을 잘할 때에도 집중적 과업(하나의 올바른 정답을 찾는 것에 초점화되어 있는)은 발산적 과업(개방형 결과를 가진)보다 탐구 대화가 더 많이 발생하는 듯하다. 누적 대화는 유익하고 창조적인 성과를 달성하는 데 매우 효과적인데, 그 예로는 제3장에서 창작 예술가에 대해 언급했던 것과 우리가 창의적으로 함께 글쓰기 위하여 초기의 가능한 아이디어를 창안하기 위하여 '사고 샤워'를 하는 초등학교 아동의 예를 들 수 있다(Vass, Littleton, Miell, & Jones 2008). 비록 왜 누군가는 집단 기반 활동으로부터 보다 나은 성과를 성취하기 위하여 논쟁 대화에 보다 적극적으로 참여하길 원하는지를 생각하는 것은 어렵지만 서로 다른 유형의 대화는 각각 다른 기능이 있다.

연구는 세 가지 이유 중 어느 것이 특정 상황에서 일어나는 집단사고의 과정을 이해하는 데 가장 연관되어 있는지를 확실하게 말할 수 있는 증거를 아직은 제공하지 못한다. 그러나 우리는 효과적이고 창조적인 문제해결의 장애물이나 사람들이 함께 작업할 때 일반적으로 발생하는 문제를 확인했다. 이는 모든 집단원을 포함시키는 것과 모든 견해를 경청하지 않는 것, 다른 합리적인 근거와 관련 정보 없이 집단 내에서 높은 지위를 가진 집단원의 견해를 좇는 것, 관계된 선택 범위를 진지하게 고려하지 않은 채 피상적인 합의를 내놓는 것을 포함한다. 제2장에서 우리가 토론한 '집단사고' 현상에서, 이는 매우 중요한 이슈에 대해 작업하는 고도의 자격을 갖춘 사람들에 의해서조차 어떤 문제는 빈약한 토론으로 이어질 수 있다.

관련 연구에 대한 검토를 토대로 우리는 집단 기반 활동에서부터 가장 생산적이고 창의적인 성과를 보장하길 소망하는 사람들에게서 흥미로운 결론을 도출할 수 있다. 요약하면 집단원들은 반드시

- 탐구 대화를 생성하고 유지하는 방법을 알아야 한다.
- 자신들의 공동 작업으로부터 좋은 성과를 달성하기 위한 상호작용의 가치를 인식해야 한다.
- 집단 구성원이 어떻게 상호작용해야 하는가에 대하여 서로 합의한 기본 원칙을 나타내는 관련 준거의 수준과 비교하여 함께 작업하는 방식을 정기적으로 숙고하고 검토하는 것의 가치를 인식해야 한다.

기본 원칙에는 다음을 포함한다.

- 집단의 모든 발언을 듣고 참작한다.
- 모든 관련 아이디어 및 정보는 가능한 한 이유와 함께 공유되고 정당화한다.
- 제공된 아이디어와 제안은 적절한 이유가 있을 경우 비판받을 수 있다 (받아야만 한다).
- 집단원은 집단의 공동 성공을 성취하기 위해 상호 신뢰의 분위기에서 아이디어를 공개적으로 표현할 수 있음을 알아야 한다.
- 집단은 그들이 함께 책임져야 하는 성과에 대한 합의를 구하기 위하여 공평한 토의를 해야만 한다.

비록 잠시 동안 함께 성공적으로 작업해 온 집단이나 집단원이 이미 집단사고를 위하여 필요한 사회적이고 언어적인 기술을 발달시킨 새로운 집단이라 할지라도, 그들 집단의 지적 자원을 가장 효과적으로 사용할 수 있도록 집단 내의 의사소통에 대해 지속적으로 메타 인지적 숙고를 하도록 지도를 받아야 한다.

창의적인 인터씽킹 : 사회문화적 관점

우리는 집단사고가 생산적일 수 있는 방법과 이유에 대해 앞에서 제시한 세 가지 이유를 활용하여 도출할 것이고, 이를 공동 창의력을 이해하는 데 적용할 것이다. 아마도 언어에 기반한 창의적인 인터씽킹의 과정을 잘 이해하지 못하는 이유 중 하나는 창의성과 창조적 과정에 대한 초기의, 그리고 가장 영향력 있는 심리학 연구들이, 문제해결과 학습에 대한 연구들과 마찬가지로 개인의 능력과 성취에 초점을 맞춰 진행됐다는 것이다. 연구자는 일반적으로 개인의 창의성과 창의적 잠재력을 평가하거나 개인의 창조적 과정의 본성을 특징짓고자 노력해 왔다. 이것은 창의적 사고에 대한 지배적인 개념을 상호 정신적이라기보다 정신 내적 과정으로 간주한다. 적어도 서구 문화권에서 '창의적' 역량은 일반적으로 개인의 재능에 기인하며 '세계 안에서 표현되는 새로운 정신의 조합'을 개인적으로 생산하는 것으로 보았다 (Saywer, 2012: 7). 우리가 창의성의 복잡성과 다양성을 이해하고, 특히 창의성을 성취할 수 있는 기회를 극대화하고자 한다면, 초점을 확장시킬 필요가 있는데, 창조적인 성취는 일반적으로 집단원들의 공동의 지적 노력을 포함한다는 것을 인식해야 한다. 창조적인 사고는 물론 정신 내적으로 추구될 수 있지만 일반적으로 사람들이 공동 관심사를 추구하며 '인터씽크'하는 상호 정신적 활동을 통해 성과를 낼 수 있다. 우리는 이에 대하여 제3장에서 우리의 연구와 다른 연구자의 연구에서 얻은 여러 가지 예를 논의했다.

창의성에 대한 모든 연구가 개인에 초점을 둔 것은 아니다. 창의성에 대한 사회문화적 접근을 채택하는 연구가 증가하고 있다. 사회문화적 관점을 취하는 연구자는 본질적으로 사회적으로 의사소통하는 것이 인간의 삶의 본성을 갖는다고 인식하고, 상호 정신적 활동과 상호 정신 내적 활동 사이의 특별하고 상호적인 관계가 존재한다고 주장한다. 따라서 의사소통, 사고, 창의성, 학습 및 발달은 모두 문화적이고 역사적인 요인에 의해 형성되는 과정으로 여겨지며 지식을 공유하고 새로운 이해, 아이디어, 가공품 및 의미를 함께 구성한다.

사람들이 자신이 창의성을 기념하는 사회적이고 문화적인 맥락의 중요성을 지적하며 창의성의 개인적 개념에 대해 도전했던 초기의 사회문화적 연구의 일부가 이루어졌다(예 : Moran 2010 참조). 창의성은 협업적 성취(문화적인 도구, 기술, 그리고 가공품을 매개로 하는)로 해석될 수 있는데, 이는 창의적 활동이 이루어지는 상호작용에 의해 생성되는 것이다. Vera John-Steiner(2000, 2006)는 과학과 예술을 비롯한 서로 다른 영역 내에서 협력적이고 창의적인 관계의 본질과 중요성을 탐구했다. 그녀는 '함께하는 사고, 중요한 대화, 그리고 함께하는 파트너가 제기한 새로운 통찰을 성취하기 위한 지속적인 투쟁으로부터 발생하는 생성적인 아이디어'를 제안했고(John-Steiner 2000: 3), 창의적인 파트너와의 상호작용이 창조적인 과정과 그 결과물에 어떻게 기여하는지 설명하기 위해 숙고적인 설명을 사용하였다. 심층 인터뷰 분석, 생물학적 데이터 및 함께 이야기하며 기술하는 것에서 파트너십을 재구성하는 등 다양한 자료를 갖고 연구하면서, 그녀는 '분산된 협업', '상호 보완 협업', '가족 협업' 그리고 '통합 협업'이라는 네 가지 창의적인 협업 파트너십을 확인했다.

첫 번째 협업 패턴인 분산된 협업은 주로 회의에서의 대화 같이 일상적인 환경에서 유사한 흥미를 공유한 사람들 간에 비공식적이고 자발적으로 정보와 아이디어에 대해 이야기를 나누는 것이다. 이러한 대화는 자발적이고 반응이 좋으며 "새로운 개인적인 통찰력으로 이어질 수 있다. 이야기를 나누는 것이 격렬하거나 논쟁적이 될 때, 문제를 보다 깊이 다루기 위해 새로운 집단이 형성될 수 있다. 다른 집단은 분열되거나 흩어진다. 하지만 이러한 비공식적인 연결에서 몇 가지 지속적인 파트너십이 구축될 수도 있다." (John-Steiner 2000: 198) 두 번째 유형인 상호 보완 협업은 John-Steiner가 제안한 것으로 가장 널리 행해지는 형태의 협업이며, 명백한 노동의 분업, 중

첩된 가치와 보완, 전문 지식, 규율 또는 역할이 특징이다. 세 번째 유형인 가족 협업은 역할이 유동적이고 유연하며, 시간이 지남에 따라 변하기 쉬운 상호작용 방식이다. 집단원은 서로에게 지속적으로 헌신하며 서로를 신뢰하고 공동의 비전을 공유한다. 집단원은 초보 수준에서 보다 전문적인 수준으로 이동하는 것과 같이 역할을 전환하는 데 서로 도움을 준다.

John-Steiner의 주된 주장은 진정한 변형적 사고 또는 예를 들어 새로운 예술 형식의 공동 건설은 장기적인 통합 협업, 네 번째로 확인된 유형에서 확장한다는 것이다. 이러한 파트너십에서 협업하는 사람은 기존의 관행, 지식 및 접근 방식을 새로운 비전과 작업 방식으로 변형하고자 하는 통찰력 있는 수행과 바람을 공유한다.

창의적인 작업의 네 가지 유형 사이 위계가 없는 것은 네 가지 유형 사이에 이동과 변화 가능성을 허용하기 위한 것이다. 물론 각각의 유형은 가치가 있고 소중하지만, John-Steiner는 통합 협업을 통해 진정한 변형적 변화가 일어난다고 제안한다. John-Steiner는 함께 협업하는 사람들의 대화의 세부적인 분석을 수행하지는 않았지만, 통합 협업은 "공유하는 언어를 형성하고, 정직한 대화의 즐거움과 위험을 알고, 기본 원칙을 찾는 것을 요구하는 '복잡한 상호작용 성취'라는 것을 인식했다."(John-Steiner 2000: 204)

우리는 John-Steiner의 네 가지 유형의 협업과 이전에 살펴본 성공적인 인터씽킹의 세 가지 이유 사용, 공동 건설, 변형을 연결할 수 있다. 분산된 협업 유형의 성공은 적어도 부분적으로는 사용 이유로 설명할 수 있다. 관련된 사람들이 정보를 공유하고, 과업을 달성하기 위해 상호 보완적인 방식으로 행동하지만, 그들의 함께 활동하는 수행은, 특히 분산된 협업에서는 일시적이고 편의주의적이다. 분산된 파트너는 협동cooperating할 수 있지만, 진실로 협력collaborating할 수는 없다. 비록 공동 노력과 공유되는 가치를 좀 더 장기간 수행하는 것이 공동 건설을 창출할 가능성이 더 크다고 생각할 수도 있지만 두 번째 협업 유형인 상호 보완 협업의 성공 또한 사용에 의해 설명될 수 있다.

그녀의 세 번째와 네 번째 유형인 가족 협업과 통합 협업의 성공은 우리가 설명했던 것과 같이 공동 건설과 변형과 관련이 있는 것처럼 보인다. 실제로 John-Steiner는 통합 협업은 관련된 개개인을 변화시킨다고 말한다. 이러한 관계는 지속적이고, 메타인지적이며 반영적인 특성을 갖고 그것으로 인하여 파트너는 자신들의 작업 관계의 점진적인 발달을 그들이 함께 노력한 일부로 보게 된다. 이 관계는 주기적으로 탐구 대화를 사용하는 것을 포함한다. 비록 통합하는 관계가 일반적인 지식의 기초 위에 세워진다는 사실은 파트너가 탐구 대화의 전형적인 형태에서 자신의 참조 및 추론에 대해 분명하게 할 필요가 없음을 의미하는데, 왜냐하면 그들은 많은 관련된 지식을 당연하게 여길 수 있기 때문이다.

이러한 아이디어를 결합하여 사람들이 협력하여 일하고 대화하는 시간이 쌓여감에 따라, 대화가 사람을 창의적으로 함께 생각하는 데 어떻게 도움을 줄 수 있는가에 대한 이해를 조금 더 넓힌다. 하지만 창의성을 발휘하는 대화를 통해, 그들 활동의 특정 시점에 그들이 성취하는 것은 무엇인가? 이 질문을 염두에 두고 우리는 새로운 개념, 즉 상호 정신적 창의성 영역을 제안한다.

상호 정신적 창의성 영역

학교에서의 교수 및 학습에 대한 우리의 연구에서 우리는 교사와 학생, 또는 학생 집단이 시간이 흐름에 따라 학습 목표에 대해 공유하는 초점을 어떻게 만들고 유지하는가에 대해 개념화하고자 하였다. 말하자면 수학적 절차를 사용하거나, 소설의 줄거리를 이해하거나, 실험 결과를 기술하고 설명하는 것에 대해 개념화하고자 하였다. 우리는 이미 비고츠키의 개념인 근접 발달 영역(ZPD)에 대해 살펴보았는데, 이는 교사가 학생에게 민감하게 '비계를 세우는' 설명을 통해 학생의 사고를 이끌어내어 이해를 확장시키는 것을 나타낸다. 근접 발달 영역은 관련된 과정의 일시적이고, 역동적이고, 대화적인 본성을 실제로 정확히 담아내지는 못하기에, 교사와 학생이 자신들의 활동을 지원하기 위한 공동 지식의 기반을 구축하고 확장하고자 애쓰는 것이 필수적이다. 학급에서의 대화가 이를 달성할 때 가르치기-그리고-배우기는 자체적으로 앞으로 나아가기 위한 자원을 갖고 있는 무한궤도차량과 같다. 비록 의도한 주행 경로에 맞춰 경로가 지속적으로 갱신되고 개선된다는 점에서 일반 차량과 다르지만!

우리는 모든 연령의 사람들이 새로운 아이디어와 이해를 창조하기 위하여 함께 작업할 때 이와 유사한 일이 다른 상황에서도 반드시 일어난다고 제안한다. 그들은 대화와 공동 활동을 하며 고려할 만한 아이디어를 공유하며 자원을 만들고, 그들의 작업을 진전시킬 수 있는 틀을 사용한다. 우리 동료인 Rupert Wegerif(2007)는 이러한 아이디어의 사실상의 자원을 '대화 공간'이라고 부른다. 학급 맥락에서, 교사와 학생, 그리고 학생들 간의 상호작용을 관리하는 기본 원칙의 틀은 교육의 목표를 추구하는 역할과 관련된다. 다른 유형의 사회적 상황에서는 서로 다른 기본 원칙을 사용하게 될 것이다.

이전 출판물(Mercer 2000; Mercer & Littleton 2007; Mercer 2008)에서 우리는 교사와 학생은 학기의 교육 활동 과정에서 서로의 지식과 이해의 변화 상태를 어떻게 조율할 수 있는가에 대한 개념화를 위해 **정신 내적 발달 영역** IDZ의 개념을 사용했었다. 가르치고 배우는 일이 일어나기 위하여 교사와 학생은 그들의 공동 지식과 목표의 맥락적 기반에서 구축되는 특정 종류의 대화 공간인 정신 내적 발달 영역을 만들고 협상하기 위해 반드시 대화하고 공동 활동해야 한다. 교사와 학생의 활동이 계속될 때 끊임없이 재구성되는 정신 내적 발달 영역은 왁자지껄한 가운데 교사와 학생은 교육이 추구하는 바를 협상한다. 만약 영역의 특성이 성공적으로 유지된다면, 교사는 학생에게 새로운 수준의 지식, 이해, 기술에 이르도록 할 수 있다. 만약 대화로 마음을 서로 조율하는 데 실패한다면, 정신 내적 발달 영역은 무너지고 학습

은 중단된다. 정신 내적 발달 영역은 진행 중인 과업에 초점을 두고 학습의
목표에 전념하는 공유되는 의식을 지속하는 상태를 나타낸다.

특히 작업 환경에서 집단 내에서 일부 집단원이 보다 전문적인 집단원에
게 배울 수 있도록 하는 것이 협력적 학습과 협력적 문제해결의 주요 논제
가 아니기에, 정신 내적 발달의 개념을 집단 창의성을 설명하는 데 사용하
지 않을 것이다. 대신 보다 평등한 지위를 가진 사람들에 대해서 우리는 유
사한 현상의 존재인, 상호 정신적 창의성 영역ICZ을 상상할 수 있는데, 이는 관
련된 공동 지식의 역동적이고 발달적인 기초 위에 수립되며 함께 작업하는
맥락적 기반을 제공하는 것이다. 대화가 진행되는 동안 지속적으로 재구성
되는 상호 정신적 창의성 영역에서 협업하는 사람은 전문적인 토론과 같은
적절한 언어 도구를 사용하여 자신들이 참여하는 공동 활동을 하는 방법에
대해 협상한다. 이와 같이 상호 정신적 창의성 영역은 전후 사정과 관련되
고 공동 조절되는 공동 활동의 지속적인 사건이다. (시간이 지남에 따라 도
전을 받거나/수정될 수 있는) 합의된 공동의 목표, 규칙, 그리고 작업 방식
을 포함할 가능성이 큰 집단 작업을 위한 성찰적이고 메타인지적인 지향을
포함하는 인터씽킹 과정의 산물이다. 상호 정신적 창의성 영역은 공동 지식
의 기초에 의해 뒷받침되는데, 이 기초는 지속적으로 재건된다. 상호 정신
적 창의성 영역의 질은 관련된 사람들의 능력과 상당히 관련이 있다. 즉, 타
인이 아는 것과 모르는 것, 타인의 의도, 그리고 어떻게 그들이 집단 활동에
기여하는가를 살피는 능력인 '마음 이론'을 사용하는 그들의 능력에 따라 달
라진다. 정신 내적 발달 영역과 마찬가지로 상호 정신적 창의성 영역은 협
업하는 사람들이 과거에서 미래로 함께 여행하기 위해 언어를 어떻게 사용
하는가를 개념화는 데 도움이 된다.

인터씽킹 개념

마지막 장에서 우리는 집단으로 사고하는 과정을 설명하기 위해 우리가 사용했던 주요 개념을 요약하는 것이 도움이 될 것이라고 생각했다.

1. 인터씽킹 : 대화를 사용하여 집단적으로 지적 활동을 추구하는 것을 의미한다. 이는 인간 인지의 중요하고도 독특한 힘을 나타내며, 함께 하는 작업을 통하여 개별로 하는 것보다 더 많이 성취하기 위하여 함께 지적 자원을 모을 수 있다. 정보를 처리하고 타인의 의도를 추론하고, 복잡한 사회 제도를 이해하는 능력은 최소한 인간의 두뇌에서 발생하는 행동 유도성은 조상의 진화론적 생존에 중요한 역할을 했을 것이다.

2. 언어 : 신경과학과 심리학 연구에서 얻을 수 있는 증거는 언어가 인간 두뇌의 특정 모듈식 능력이 아니라 인지에 전체적으로 통합된다는 입장을 지지한다. 다른 형태의 의사소통과 표현도 인터씽킹에 중요한 역할을 할 수 있지만, 언어는 특별한 역할을 하는데, 왜냐하면 언어가 있기에 사람들이 추론적 대화에 참여할 수 있기 때문이다. 다른 형태의 의사소통을 통해서는 추론적 대화를 할 수 없다. 또한 함께 생각하기 위하여 언어를 사용하는 방법에 참여했던 경험은 아동에게 홀로 생각하는 방법의 모델을 제시한다.

3. 상호 정신적 그리고 정신 내적 활동 : 사회문화적 이론은 아동의 언어 능력의 발달, 일상에서 사회적 상호작용에 개입하는 것(상호 정신적 활동), 그리고 아동 개인의 인지 발달(정신 내적 활동) 간에 중요한 연관이 있음을 제시한다. 이번 장의 초반부에 설명했던 우리의 연구와 다른 연구의 결과는 이 연관성이 존재한다는 것을 지지할 뿐 아니라 언어가 이 연관성의 발달과 유지에 중요한 역할을 하며, 이 연관성은 이전에 생각했던 것에 비해 훨씬 더 강하다고 제안한다. 우리의

연구는 탐구 대화와 유사한 언어 유형을 안내받은 아동과, 아동의 추론 능력의 발달 사이에 연관이 있음을 강조한다. 간단히 말하면 함께 생각하는 것은 홀로 사고하기 위한 본보기를 제시한다. 이 진술은 중요한 교육적 함의를 갖지만, 이 함의는 그들이 받는 교육 정책과 훈련에서 인정을 받지 못했다.

4. **공동 지식** : 성공적으로 인터씽킹하기 위하여 토론을 뒷받침하는 공동 지식의 기초를 갖고 있고 발달시키는 파트너가 있어야 한다. 우리는 두 가지 유형의 공동 지식을 구분하는데, 두 가지 모두 중요하다. 첫 번째는 집단원이 공유하는 역사가 발달하면서 집단 활동을 통해 축적된다. 그들이 함께 활동하고 관련된 대화를 나누며 만들어지기 때문에 그들은 공동의 지식을 갖게 된다. 말을 하는 사람이 이전 대화의 내용을 짧게 언급하고 듣는 사람은 그 내용을 기억해낼 것으로 기대하는 것은 일반 지식의 예다. 우리는 이를 역동적 공동 지식이라고 부르는데, 왜냐하면 그것은 집단원의 확장된 활동의 역동에 의해 만들어지기 때문이다. 우리가 '배경의 공동 지식'이라고 부르는 두 번째 유형은 실천 공동체의 모든 기존 집단원이 다른 집단원과 공유하는 것을 당연한 것이라고 생각하기에 첫 번째 원칙에서 설명할 필요가 없다. 그것은 비틀즈 팬이거나 같은 마을에서 성장한 두 명의 물리학자가 비록 한 번도 만난 적이 없더라도 어떤 종류의 이해를 당연하게 여기는 것을 가능하게 하는 지식이다.

5. **기본 원칙** : 규범적인 기본 원칙에 기반한 언어의 형태는 문제해결의 창의적 과정을 추구한다. 집단 토론이 효과적으로 상호 조절됨으로써 기본 원칙은 새로운 아이디어와 집단원의 비판적 검토를 공유하는 것을 허용하고 장려한다. 이때 새로운 아이디어를 내놓거나 그를 비판하는 사람을 개인적으로 공격하는 위험요소는 피한다. 모든 조율의 사회적 상호작용은 기본 원칙을 수반하지만, 지금 논의하는 주

제는 기본 원칙이 집단의 공동 지식의 일부고 목적에 적합한가에 대한 여부다. 집단 활동은 종종 집단원이 부적절한 기본 원칙을 따르기 때문에 엉망이 된다. 기본 원칙이 효과적으로 사용되기 위하여, 기본 원칙은 적절해야 하고 또한 집단원이 함께 생성하고 소유해야 한다. 집단원은 원칙을 자신의 활동을 조절하는 규칙으로 인식해야 한다 ― 비록 집단원이 동의하면 규칙이 검토되고 수정될 수 있지만

6. **탐구 대화** : 우리가 정의한 것과 같이 탐구 대화는 사회적 추론 방식을 나타낸다. 탐구 대화는 때때로 '설명할 수 있는 대화' 또는 '협업적인 추론'이라고도 불린다. 탐구 대화는 문화적 언어 도구이며 집단원이 몇 가지 공동의 문제에 대해 창의적이고 정당한 문제해결책을 성취하도록 돕는 유형이다. 탐구 대화는 모든 종류의 공동 노력이나 협업 활동의 모든 단계에 적합한 것은 아니지만 집단원이 적절한 기본 원칙 목록을 작성하여 그 목적에 맞게 대화를 형성할 수 있는가에 대한 좋은 예다. 파트너는 자신의 활동에 대해 메타인지적이고 숙고적인 태도를 취하고, 그들이 함께 작업하는 방식을 인식하고, 그들의 활동을 공동 조절하며 지지한다. 우리는 탐구 대화를 누적 대화나 논쟁 대화와 대조하였고, 누적 대화 역시 몇몇 상황에서는 유용할 수 있지만, 함께 사고하는 것이 생산적이고 '집단사고'(제2장에서 논했던)와 같은 문제를 피하기 위해서는 탐구 대화와 유사한 토론이 필요하다고 논했었다. 탐구 대화의 기능적 가치가 있지만 함께 작업하는 집단을 관찰한 결과는 탐구 대화가 일반적으로 기대되는 만큼 사용되지 않는다고 제안한다.

7. **사용** : 성공하기 위하여 집단적이고 창조적인 문제해결을 위해 집단원 간에 관련 정보를 공유해야 하므로, 원래는 사적이고 개인적이었던 지식은 공동 지식이 된다. 우리는 각각의 집단원이 서로에게 배우는 이 과정을 사용이라고 부르고, 이것의 성공은 집단원이 그들이 아

는 것을 얼마나 잘 설명하는가와 들은 것을 얼마나 잘 해석하고 기억하는가에 달려 있다. 이것은 언어, 인지, 집단 활동 사이의 관계에 대한 영향력 있는 설명에서 가장 많이 나타나는 언어 사용의 예다. 하지만 우리의 관점에서 이것이 가장 흥미롭거나 중요한 것은 아니다.

8. **공동 건설** : 관련 지식의 공유가 중요한 요소일 수도 있지만, 집단 활동의 성공에는 보다 복잡한 종류의 상호작용이 포함될 가능성이 크다. 이 과정이 우리가 공동 건설이라고 부르는 과정으로, 집단원은 합리적인 논증 과정을 사용하여 제안된 아이디어를 비판적으로 검토하고 성공적인 결론을 내리는 방식에 대한 가능한 선택권들을 비교한다. 이는 집단원이 자신의 '마음 이론' 능력을 사용하는 것에 따라 달라지는데, 마음 이론 능력은 집단 내 공동 지식의 상대적인 정도를 확실히 인식하고 특정한 순간에 그들의 공동 목표를 추구하기 위하여 어떻게 적절한 상호작용 방식(예 : 누적 대화나 탐구 대화)을 사용하는가에 좋은 영향을 미친다. 공동 건설 과정은 어떤 집단원도 상호작용하기 전에 가지지 못했던 새로운 아이디어와 새로운 문제해결 전략과 문제해결 방법을 생성할 수 있다.

9. **변형** : 세 번째 과정은 생각하는 것에 대해 생각하는 메타인지라는 인간의 고유한 능력을 포함한다. 공동 건설하는 집단의 구성원이 문제를 다루고 그에 대한 토론을 어떻게 수행했는가에 대해 숙고하는, 메타인지적인 통찰은 향후 계획을 위한 자원으로 활용될 수 있다. 이는 집단원이 자신들의 공동 과업을 주어진 문제에 대한 해결책을 찾는 것으로 보는 것뿐 아니라 그들의 활동을 어떻게 효과적으로 공동 조절하는가의 문제로 다룰 수 있게 한다. 이는 우리가 변형이라고 부르는 결과를 낳는데, 이를 통해 집단은 원래보다 효과적이고 창의적인 문제해결 팀이 된다.

10. **상호 정신적 창의성 영역** : 우리는 이 용어를 새로운 지식을 공동-건설

하는 파트너가 그들의 공동 노력에 대하여 이야기 나누기 위한 지속적이고, 역동적이고, 참고할 수 있는 틀을 생성하는 방식을 나타내기 위하여 도입하였다. 집단원들이 함께 작업하기 시작할 때, 상호 정신적 창의성 영역은 그들이 기존에 갖고 있던 공동 지식의 자원으로부터 구축되는데, 이는 초기 대화 단계에서 구축될 수 있다. 하지만 대화가 진행됨에 따라 공동 지식은 그들의 대화와 다른 공동의 의미 형성 활동을 통해 지속적으로 측정되고 수정된다. 이는 문제가 될 수 있는 과정이고, 집단원의 인터씽킹을 조심스럽게 보호하는 상호 정신적 창의성 영역의 왁자지껄한 대화는 집단원의 공동 노력을 통해 적절히 유지 관리되지 않으면 붕괴될 수 있다. 만약 유지된다면 이는 집단 각각의 구성원의 인지 능력을 집단의 인지 능력으로 결합시킬 수 있는데, 이는 어떤 개인의 능력보다도 우수하다.

결론

이 책에서 우리는 인터씽킹의 현상을 설명하고 표현하려고 노력하였다. 인터씽킹은 사람들이 공동으로 그리고 창의적으로 문제를 해결하고 세계에 대한 공동 감각을 만들기 위하여 대화를 사용하는 일상의 과정이다. 우리는 무엇이 인터씽킹을 성공하게 하고, 무엇이 인터씽킹을 실패하게 하는가에 대한 관련 연구를 살펴보았다. 그러기 위하여 우리는 종종 인터씽킹에 대하여 명확하게 밝히지 않은 연구 결과를 통해 추론했는데, 왜냐하면 놀랍게도 인터씽킹을 설명하기 위한 다른 연구가 없었기 때문이다. 하지만 제2장과 제3장에서처럼 우리는 다양한 조사 영역에서 다양한 연구를 찾을 수 있었다.

제1장에서 우리는 인간 인지의 사회적 능력을 나타내기 위하여 개발된 '사회적 두뇌' 개념을 통하여 진화심리학의 최근의 연구를 설명하였다. 연구의 초점은 주로 복잡한 사회를 조직하고 이해하는, 그리고 잠재적으로 경

쟁력이 있는 타인의 의도가 무엇인지 예측하거나 논쟁하며 자신의 지분을 지키는 조상의 새로 발현하는 능력에 주로 초점을 두었다. 우리는 우리 종의 성공에 대한 진화론적인 설명을 고려할 때, 우리 조상은 소집단 내에서 생산적이고 창의적으로 함께 사고할 수 있는 능력이 진화된 것을 통해 보다 더 생존할 수 있게 되었을 가능성에 대해서도 고려해야만 한다고 주장했다. 이는 다른 종, 심지어 우리의 친척인 영장류에 있는 구성원조차 명백하게 할 수 없는 것이다. 인류 집단이 생존을 위한 그들의 기술을 검토하고 계획하기 위하여 언어를 사용하면, 그들은 다른 어떤 경쟁자보다 유리할 것이다. 언어에 기반한 능력인 인터씽킹을 인간의 진화를 설명하는 데 통합하는 것은 명백하게 개별 경쟁과 생존을 강조하는 것보다 협업과 공동 생존의 중요성을 강조하는 설명에 보다 적합하다.

제4장에서 우리는 컴퓨터 기반 디지털 기술이 언어와 함께 사용될 때 어떻게 사람들이 동일한 장소에서 또는 먼 거리에서 온라인 대화를 통해 공동으로 생각할 수 있는 유용한 기회와 지원을 제공하는지에 대해 설명했다. 디지털 기술은 사람들이 토론의 발달 과정과 토론의 산물을 서로 접근 가능한 형태로 의사소통하고 기록할 수 있게 하는 방법이기에 부분적으로 유용하다. 그러나 더 나은 기술은 그 자체로 인터씽킹의 질을 향상시키지 못한다. 기술을 사용하여 얼굴을 맞대고 함께 작업하는 사람들과 서로 떨어져서 작업하는 가상 집단에도 같은 종류의 제약과 잠재적인 문제가 적용되는데, 보다 전통적인 상황에서 적용되는 것처럼 이러한 문제들을 극복하는 데에도 동일한 접근법을 사용할 수 있다.

이 책의 여러 부분에서 우리는 창의성에 대한 연구를 언급했다. 우리는 함께 생각하는 창조적인 힘은 관련된 개인의 공헌이나 재능을 언급하는 것만으로는 설명할 수 없다는 것을 분명히 제안한다. 이제 주위의 모든 사람들의 관습적 저항에 맞서 훌륭하고 새로운 아이디어를 갖기 위해 투쟁하는 고독한 천재의 이야기의 설명적 가치가 제한적이라는 사실은 이제 널리 수용되고 있다. 가장 성공적이고 창의적인 개인은 주로 토론과 탐구 커뮤니티의 구성원으로서 혜택을 입었고, 그 집단의 사람들은 그중 누구도 달성하지 못했던 유용한 창의적 성과를 성취할 수 있다는 명백한 증거들이 있다. 하지만 우리는 집단의 노력의 창의적인 성공은 그 집단에서 일어나는 인터씽킹의 질에 따라 달라진다고 주장한다. 우리는 인터씽킹의 본질을 이해하는 것은 인터씽킹 과정의 질을 보장한다고 제안하였고, 우리는 그 주요 특성 중 일부를 확인하였다.

우리는 교육에 관심을 가지며 인터씽킹 연구에 몰두하게 되었다. 이러한 몰입을 통해 우리는 함께 생각하는 능력은 교육이 아동의 발달을 도울 수 있는 가장 중요한 생활 기술 중 하나라고 확신하게 되었다. 효과적으로 인터씽킹할 수 있는 것은 인간 노력의 여러 분야에서 이뤄지는 활동의 핵심이라는 것을 증명했다. 또한 우리가 설명한 것과 같이 대화를 사용하여 효과적으로 인터씽킹하는 것을 배우는 것은 개별적으로 생각하고 학습하는 아동의 능력을 발달시키는 데 도움이 되는 입장을 뒷받침하는 좋은 증거들이 있다.

이번 장에서 우리는 인터씽킹 과정에 대한 사회문화적 관점을 제시했다. 비고츠키 학파에 근거를 두고 있는 사회문화적 이론의 매력은 아동이 지역사회의 문화에 어떻게 참여했는지에 대한 설명과 아동의 개인적인 사고와 이해가 어떻게 발달하는가에 대한 설명을 연결시키는 것에 있다. 그것만으로도 가치가 있지만, 그보다 더 많은 것을 제공할 수 있다. 사회문화적 이론은 개인을 문화로 인도하는 것을 가능하게 하는 상호 정신적 과정이 동일하게 어떻게 문화적 재생과 발달의 창조적 과정도 가능하게 하는가에 대하여 설명할 수 있다. 또한 사회문화적 이론은 오늘날 대부분의 심리학을 지배하고 사람이 집단으로 생각하는 방식을 설명하는 개인의 인지에 대한 집착을 초월한다. 사회문화적 이론은 상호 정신적 활동이 어떻게 개인 내적 발달을 조형하는가에 대해 이해하는 데 도움을 줄 뿐 아니라 함께 생각하는 것은 그 자체로 중요한 과정임을 이해하는 데에도 도움이 될 수 있다. 우리는 이 책이 사회문화심리학의 발달에 기여하기를 원한다.

우리는 폭넓은 연구를 통해 한편으로 함께 생각하는 것이 왜 때로는 잘못되는지 설명하였고, 다른 한편으로 일부 사람들은 집단으로 사고하는 것을 사용하여 어떻게 개인이 한 것보다 더 훌륭하고 창의적인 해결책을 성취하는가에 대해 설명하였다. 우리의 연구나 다른 연구자들의 학교 기반 연구에 기초하여, 우리와 우리 동료들은 교사에게 아동이 더 나아지도록 돕기 위한 실용적인 방법으로, 사고를 위한 도구로 언어를 사용하는 것에 대하여 정기적으로 알린다. 하지만 모든 아동이 아직도 어떻게 인터씽크하는가에 대해 배우고 있지 않다. 함께 생각하기 위한 도구로써 아동의 구어의 발달은 문해력과 수리력에 대한 기술의 발달과 비교하였을 때 교육 정책에서 거의 다루어지지 않고 있다. 만일 우리가 창조적으로 힘께 생각하는 인간의 독특한 능력의 잠재력을 깨닫고 싶다면 이는 변화해야만 한다.

참고문헌

Bakhtin, M. (1981) *The Dialogic Imagination*, Austin: University of Texas Press.

Barnes, D. (1976/1992) *From Communication to Curriculum*, Harmondsworth: Penguin (Second edition, 1992, Portsmouth, NH: Boynton/Cook-Heinemann).

Baron, R.S. (2005) 'So right it's wrong: groupthink and the ubiquitous nature of polarized group decision making', *Advances in Experimental Social Psychology*, 37: 219–253.

Bernstein, B. (1971) *Class, Codes and Action Vol. I: theoretical studies towards a sociology of language*, London: Routledge and Kegan Paul.

Bernstein, B. (1975) *Class, Codes and Action Vol. III: towards a theory of educational transmissions*, London: Routledge and Kegan Paul.

Chartrand, T. and Bargh, J. (1999) 'The chameleon effect: the perception-behavior link and social interaction', *Journal of Personality and Social Psychology*, 76 (6): 893–910.

Creese, A. (2008) 'Linguistic ethnography', in K.A. King and N.H. Hornberger (eds), *Encyclopedia of Language and Education, 2nd edn, Volume 10: research methods in language and education*, New York: Springer.

Daniels, H. (2001) *Vygotsky and Pedagogy*, London: Routledge/Falmer.

Daniels, H. (2008) *Vygotsky and Research*, Abingdon: Routledge.

Dawes, L. (2008) *The Essential Speaking and Listening: talk for learning at Key Stage 2*, London: David Fulton.

Dawes, L. (2010) *Creating a Speaking and Listening Classroom: integrating talk for learning at Key Stage 2*, London: David Fulton.

Dawes, L. (2011) *Talking Points: discussion activities in the primary classroom*, London: David Fulton.

Dawes, L. (2013) *Talking Points for Shakespeare Plays: discussion activities for Hamlet, A*

Midsummer Night's Dream, Romeo and Juliet and Richard III, London: Taylor and Francis.

Dawes, L., Fisher, E. and Mercer, N. (1992) 'The quality of talk at the computer', *Language and Learning*, October: 22–25.

Dawkins, R. (1976) *The Selfish Gene*, Oxford: Oxford University Press.

Dawkins, R. (2012) 'The descent of Edward Wilson', *Prospect*, May Issue.

Dillenbourg, P. (ed.) (1999) *Collaborative Learning: cognitive and computational approaches*, Oxford: Elsevier Science Ltd.

Dillon, T. (2004) '"It's in the mix, baby": exploring how meaning is created within music technology collaborations', in D. Miell and K. Littleton (eds), *Collaborative Creativity: contemporary perspectives*, London: Free Association Books.

Dirkx, J. and Smith, R. (2004) 'Thinking out of a bowl of spaghetti: learning to learn in online collaborative groups', in T. Roberts (ed), *Online Collaborative Learning: theory and practice*, Hershey, PA: Idea Group.

Dobson, E. (2012) *An Investigation of the Processes of Interdisciplinary Creative Collaboration: the case of music technology students working within the performing arts*, Unpublished PhD thesis: The Open University. [Downloadable from: http://eprints.hud.ac.uk/14689/]. Accessed January 22 2013.

Dobson, E., Flewitt, R., Littleton, K. and Miell, D. (2011) 'Studio-based composers in collaboration: a socioculturally framed study', *Proceedings of the International Computer Music Conference*: 373–376.

Drew, P. and Heritage, J. (eds) (1992) *Talk at Work: interaction in institutional settings*, Cambridge: Cambridge University Press.

Dudley, P. (2013) 'Teacher learning in lesson study', *Teaching and Teacher Education*, 34: 107–121.

Dunbar, R. (1998) 'The social brain hypothesis', *Evolutionary Anthropology*, 6: 178–189.

Edwards, A. (2012) 'The role of common knowledge in achieving collaboration across practices', *Learning, Culture and Social Interaction*, 1 (1): 22–32.

Edwards, D. (1997) *Discourse and Cognition*, London: Sage.

Edwards, D. and Mercer, N. (1987) *Common Knowledge: the development of understanding in the classroom*, London: Methuen/Routledge (Reissued 2012 in the Routledge Revivals series).

Edwards, D. and Middleton, D. (1986) 'Joint remembering: constructing an account of shared experience through conversational discourse', *Discourse Processes*, 9 (4): 423–459.

Edwards, D and Potter, J. (1992) Discursive Psychology, London: Sage.

Elbers, E. (1994) 'Sociogenesis and children's pretend play: a variation on Vygotskian themes', in W. de Graaf and R. Maier (eds), Sociogenesis Re-examined, New York: Springer.

Esser, J.K. (1998) 'Alive and well after 25 years: a review of groupthink research', Organizational Behavior and Human Decision Processes, 73 (2-3): 116-141.

Eteläpelto, A. and Lahti, J. (2008) 'The resources and obstacles of creative collaboration in a long-term learning community', Thinking Skills and Creativity, 3(3): 226-240.

Everett, D. (2012) Language: the cultural tool, London: Profi le Books.

Ferguson, R. (2009) The Construction of Shared Knowledge through Asynchronous Dialogue, Unpublished PhD thesis, The Open University. [Downloadable from: http://oro. open.ac.uk/19908]. Accessed January 22 2013.

Ferguson, R., Whitelock, D. and Littleton, K. (2010) 'Improvable objects and attached dialogue: new literacy practices employed by learners to build knowledge together in asynchronous settings', Digital Culture and Education, 2 (1): 103-123.

Fiedler, K. and Bless, H. (2001) 'Social cognition', in M. Hewstone and W. Stroebe (eds), Introduction to Social Psychology, London: Sage.

Finnegan, R. (2007) The Hidden Musicians: music-making in an English town (2nd edn), Middletown, CT, USA: Wesleyan University Press.

Fivush, R. and Hammond, N.R. (1990) 'Autobiographical memory across the preschool years: toward reconceptualising childhood amnesia', in R. Fivush and J. Hudson (eds), Knowing and Remembering in Young Children, New York: Cambridge University Press.

Frith, C. and Singer, T. (2008) 'The role of social cognition in decision making', Philosophical Transactions of the Royal Society, 363 (1511): 3875-3886.

Gee, J.P. (2004) Situated Language and Learning: a critique of traditional schooling, New York: Routledge.

Gee, J.P. and Green, J. (1998) 'Discourse analysis, learning and social practice: a methodological study', Review of Research in Education, 23: 119-169.

Goswami, U. and Bryant, P. (2007) 'Children's cognitive development and learning', Research Report 2/ 1a The Primary Review, Cambridge: University of Cambridge.

Grist, M. (2009) Changing the Subject: how new ways of thinking about human behavior might change politics, policy and practice, London: Royal Society of Arts. [Downloadable from: http://www.thersa.org/__data/assets/pdf_fi le/0020/250625/Nov28th2009 ChangingThe-SubjectPamphlet.pdf]. Accessed 20 December 2012.

Harcourt, A.H. (1988) 'Alliances in contests and social intelligence', in R. Byrne and A. Whiten (eds), *Machiavellian intelligence*, Oxford: Oxford University Press.

Hart, B. and Risley, T. (1995) *Meaningful Differences in the Everyday Experience of Young American Children*, Baltimore, MD: Paul H Brookes Publishing.

Hart, P. (1994) *Government: a study of small groups and policy failure*, Baltimore, MD: The Johns Hopkins University Press.

Heath, S.B. (1982) *Ways with Words: language, life, and work in communities and classrooms*, New York and Cambridge: Cambridge University Press.

Hickey, D.T. (2003) 'Engaged participation versus marginal nonparticipation: a stridently sociocultural approach to achievement motivation', *The Elementary School Journal*, 103 (4): 402–429.

Higgins, S., Mercier, E., Burd, E. and Hatch, A. (2011) 'Multi-touch tables and the relationship with collaborative classroom pedagogies: a synthetic review', *International Journal of Computer-Supported Collaborative Learning*, 6 (4): 515–538.

Hirt, E. and Markman, K. (1995) 'Multiple explanation: a consider-an-alternative strategy for debiasing judgements', *Journal of Personality and Social Psychology*, 69: 1069–1086.

Howe, C. (2010) Peer Groups and Children's Development, Oxford: Wiley-Blackwell.

Ingram, A. and Hathorn, L. (2004) 'Methods for Analyzing Collaboration in Online Communications', in T. Roberts (ed), *Online Collaborative Learning: theory and practice*, London: Information Science Publishing.

Janis, I. (1972) *Victims of Groupthink*, New York Houghton Miffl in.

Janis, I. (1982) *Groupthink: psychological studies of policy decisions and fi ascoes (2nd edn)*, New York: Houghton Miffl in.

Jeong, H. and Chi, M. (2007) 'Knowledge convergence and collaborative learning', *Instructional Science*, 35: 287–315.

Joffe, S.J. (2007) *The Kinship Coterie and the Literary Endeavours of the Women in the Shelley Circle*, New York: Peter Lang.

John-Steiner, V. (2000) *Creative Collaboration*, New York: Oxford University Press.

John-Steiner, V. (2006) *Creative Collaboration* (2nd edn), New York: Oxford University Press.

Kress, G. (2010) *Multimodality: a social semiotic approach to contemporary communication*, London: Routledge.

Kress, G. and van Leeuwen T. (1996) *Reading Images: the grammar of visual design*, London: Routledge.

Laughlin, P., Hatch, E., Silver, J. and Boh, L. (2004) 'Groups perform better than the best individuals on letters-to-numbers problems: effects of group size', *Journal of Personality and Social Psychology*, 90 (4): 644-651.

Littleton, K. and Kerawalla, L. (2012) 'Trajectories of inquiry learning', in K. Littleton, E. Scanlon and M. Sharples (eds), *Orchestrating Inquiry Learning*, Abingdon: Routledge.

Littleton, K. and Howe, C. (eds) (2010) E*ducational Dialogues: understanding and promoting productive interaction*, London: Routledge.

Littleton, K. and Mercer, N. (2010) 'The signifi cance of educational dialogues between primary school children', in K. Littleton and C. Howe (eds), *Educational Dialogues: understanding and promoting productive interaction*, London: Routledge.

Littleton, K. and Mercer, N. (2012) 'Communication, collaboration and creativity: how musicians negotiate a collective sound', in D. Hargreaves, D. Miell and R. MacDonald (eds), Musical Imaginations: *multidisciplinary perspectives on creativity, performance and perception*, Oxford: Oxford University Press.

Littleton, K. and Mercer, N. (2013) 'Educational dialogues', in K. Hall, T. Cremin, B. Comber and L. Moll (eds), *The Wiley Blackwell International Handbook of Research on Children's Literacy, Learning and Culture*, Oxford: Wiley Blackwell.

Littleton, K., Twiner, A. and Gillen, J. (2010) 'Instruction as orchestration: multimodal connection building with the interactive whiteboard', *Pedagogies: an international journal*, 5 (2): 130-141.

Littleton, K. and Whitelock, D. (2005) 'The negotiation and co-construction of meaning and understanding within a postgraduate online learning community', *Learning, Media and Technology*, 30(2): 147-164.

Martin, J. (1993) 'Genre and literacy: modeling context in educational linguistics', *Annual Review of Applied Linguistics*, 13: 141-172.

Mason, R. (1995) 'Computer conferencing on A423: philosophical problems of equality', *Open University, Centre for Information Technology in Education (CITE)*, Internal Report: 210.

McCaslin, M. (2004) 'Coregulation of opportunity, activity, and identity in student motivation', in D. McInerney and S. Van Etten (eds), *Big Theories Revisited, Vol. 4*, Greenwich, CT: Information Age.

Medway, P. (1996a) 'Constructing the virtual building', in J. Maybin and N. Mercer (eds) *Using English: from conversation to canon*, London: Routledge, with The Open University.

Medway, P. (1996b) 'Virtual and material buildings: construction and constructivism in architecture and writing', *Written Communication*, 13 (4): 473–514.

Medway P. (1996c) 'Cool people and professional discourse: linguistic "resistance" in the talk of young male architects', *Taboo: the journal of culture and education*, 2 (2): 1-10.

Mercer, A. (2012) '*How Divinely Sweet a Task It Is to Imitate Each Other's Excellencies': Percy Bysshe Shelley, Mary Shelley and the collaborative literary relationship*, M.Phil Dissertation, University of Cambridge.

Mercer, N. (1995) *The Guided Construction of Knowledge: talk amongst teachers and learners*, Clevedon: Multilingual Matters.

Mercer, N. (2000) *Words and Minds: how we use language to think together*, London: Routledge.

Mercer, N. (2004) 'Sociocultural discourse analysis: analysing classroom talk as a social mode of thinking', *Journal of Applied Linguistics*, 1 (2): 137–168.

Mercer, N. (2008) 'The seeds of time: why classroom dialogue needs a temporal analysis', *Journal of the Learning Sciences*, 17 (1): 33–59.

Mercer, N. (in press) 'How might dialogue assist the development of metacognition and self-regulation in the classroom?', *British Journal of Educational Psychology*.

Mercer, N. (2013) 'The social brain, language and goal-directed collective thinking: a social conception of cognition and its implications for understanding how we think, teach and learn', *Educational Psychologist*, 3: 1–21.

Mercer, N. and Hodgkinson, S. (eds) (2008) *Exploring Talk in School*, London: Sage.

Mercer, N. and Littleton, K. (2007) *Dialogue and the Development of Children's Thinking: a sociocultural approach*, London: Routledge.

Mercer, N., Littleton, K. and Wegerif, R. (2004) 'Methods for studying the processes of interaction and collaborative activity in computer-based educational activities', *Technology, Pedagogy and Education*, 13 (2): 193–209.

Mercer, N., Kershner, R., Warwick, P. and Kleine Staarman, J. (2010) 'Can the interactive whiteboard help to provide a 'dialogic space' for children's collaborative activity?', *Language and Education*, 24 (5): 367–384.

Mercier, H. and Sperber, D. (2011) 'Why do humans reason? Arguments for an argumentative theory', *Behavioral and Brain Sciences*, 34 (2): 57–74.

Mesmer-Magnus, J. and DeChurch, L. (2009) 'Information sharing and team performance: a meta-analysis', *Journal of Applied Psychology*, 94 (2): 535–546.

Middleton, D. and Edwards, D. (1990) 'Conversational remembering: a social psychological approach', in D. Middleton and D. Edwards (eds), *Collective Remembering*, London: Sage.

Middup, C., Coughlan, T. and Johnson, P. (2010) 'How creative groups structure tasks through negotiating resources', in M. Lewkowicz, P. Hassanaly, M. Rohde and V. Wulf (eds), *Proceedings of COOP 2010, Computer Supported Cooperative Work*, London: Springer-Verlag.

Miell, D. and Littleton, K. (2008) 'Musical collaboration outside school: processes of negotiation in band rehearsals', *International Journal of Educational Research*, 47 (1): 41 –49.

Miller, R. (2011) *Vygotsky in Perspective*, Cambridge: Cambridge University Press.

Moran, S. (2010) 'Creativity in school', in K. Littleton, C. Wood and J. Kleine Staarman (eds), *International Handbook of Psychology in Education*, Bingley: Emerald.

Moran, S. and John-Steiner, V. (2004) 'How collaboration in creative work impacts identity and motivation', in D. Miell and K. Littleton (eds), *Collaborative Creativity: contemporary perspectives*, London: Free Association Books.

Morris, D. and Naughton, J. (1999) 'The future's digital, isn't it? Some experience and forecasts based on the Open University's technology foundation course', *Systems Research and Behavioural Science*, 1 (2): 147–155.

Mukamel R., Ekstrom A., Kaplan J., Iacoboni, M. and Fried, I. (2010) 'Singleneuron responses in humans during execution and observation of actions', *Current Biology*, 20 (8): 750–756.

Muller-Mirza, N. and Perret-Clermont, A.N. (2009) 'Introduction', in N. Muller-Mirza and A.N. Perret-Clermont (eds), *Argumentation and Education: theoretical foundations and practices*, London: Springer.

Nemeth, C. (1995) 'Dissent as driving cognition, attitudes and judgments', *Social Cognition*, 13: 273–291.

Nemeth, C. and Kwan, J. (1985) 'Originality of word associations as a function of majority vs. minority infl uence', *Social Psychology Quarterly*, 48: 277–282.

Nemeth, C. and Kwan, J. (1987) 'Minority infl uence, divergent thinking and detection of correct solutions', *Journal of Applied Social Psychology*, 17: 786–797.

Nemeth, C., Rogers, J. and Brown, K. (2001) 'Devil's advocate vs. authentic dissent: stimulating quantity and quality', *European Journal of Social Psychology*, 31 (6): 707–720.

O'Connor, C. and Michaels, S. (1996) 'Shifting participant frameworks: orchestrating thinking practices in group discussion', in D. Hicks (ed.) *Discourse, Learning and Schooling*, Cambridge: Cambridge University Press.

Odean, K. (1990) 'Bear hugs and Bo Dereks on Wall Street', in C. Ricks and L. Michaels (eds), *The State of the Language*, London: Faber and Faber.

Paulus, P.B. and Nijstad, B.A. (2003) *Group Creativity: innovation through collaboration*, New York: University Press.

Paulus, P., Dzindolet, M. and Kohn, N. (2012) 'Collaborative creativity: group creativity and team innovation', in M. Mumford (ed.), *The Handbook of Organizational Creativity*, London: Academic Press.

Peterson, R., Owens, P., Tetlock, K., Fan, E. and Martorana, P. (1998) 'Group dynamics in top management teams: groupthink, vigilance, and alternative models of organizational failure and success', *Organizational Behavior and Management Decision Processes*, 73 (2/3): 272–305.

Pinker, S. (1994) *The Language Instinct*, London: Penguin.

Pinker, S. (2007) *The Stuff of Thought: language as a window into human nature*, London: Penguin.

Premack, D. and Woodruff, G. (1978) 'Does the chimpanzee have a theory of mind?', *Behavioral and Brain Sciences*, 1 (4): 515–526.

Raven, J., Court, J. and Raven, J.C. (1995) *Manual for Raven's Progressive Matrices and Vocabulary Scales*, Oxford: Oxford Psychologists Press.

Reese, E., Haden, C.A. and Fivush, R. (1993) 'Mother-child conversations about the past: relationships of style and memory over time', *Cognitive Development*, 8: 403–430.

Resnick, L.B. (1999) 'Making America smarter', *Education Week Century Series*, 18 (40): 38–40.

Reznitskaya, A., Anderson, R., McNurlen, B., Nguyen-Jahiel, K., Archodidou, A. and Kim, S. (2006) 'Infl uence of oral discussion on written argument', *Discourse Processes*, 32 (2/3): 155–175.

Rojas-Drummond, S., Albarrán, D. and Littleton, K. (2008) 'Collaboration, creativity and the co-construction of oral and written texts', *Thinking Skills and Creativity*, 3 (3): 177–191.

Rojas-Drummond, S., Littleton, K., Hernandez, F. and Zúñiga, M. (2010) 'Dialogical interactions among peers in collaborative writing contexts', in K. Littleton and C. Howe (eds), *Educational Dialogue: understanding and promoting productive interaction*,

London: Routledge.

Rojas-Drummond, S., Mason, N., Littleton, K. and Velez, M. (2012) 'Developing reading comprehension through collaborative learning', *Journal of Research in Reading*, DOI: 10.1111/j.1467-9817.2011.01526.x

Rojas-Drummond, S., Pérez, V., Vélez, M., Gómez, L. and Mendoza, A. (2003) 'Talking for reasoning among Mexican primary school children', *Learning and Instruction*, 13: 653-670.

Runco, M. A. (1999) 'A longitudinal study of exceptional giftedness and creativity', *Creativity Research Journal*, 12 (2): 161-164.

Sawyer, K. (2006) *Explaining Creativity: the science of human innovation*, Oxford: Oxford University Press.

Sawyer, K. (2012) *Explaining Creativity: the science of human innovation* (2nd edn), Oxford: Oxford University Press.

Sawyer, K. and DeZutter, S. (2009) 'Distributed creativity: how collective creations emerge from collaboration,' *Psychology of Aesthetics, Creativity and the Arts*, 3 (2): 81-92.

Schegloff, E. (1997) 'Whose text? Whose context?', *Discourse and Society*, 8 (2): 165-187.

Schulz-Hardt, S., Brodbeck, F.C., Mojzisch, A., Kerschreiter, R. and Frey, D. (2006) 'Group decision making in hidden profi le situations: dissent as a facilitator for decision quality', *Journal of Personality and Social Psychology*, 91: 1080-1093.

Seddon, F. (2004) 'Empathetic creativity: the product of empathetic attunement,' in D. Miell and K. Littleton (eds), *Collaborative Creativity: contemporary perspectives*, London: Free Association Books.

Seddon, F. (2005) 'Modes of communicating during jazz improvising', *British Journal of Music Education*, 22 (1): 47-61.

Sidnell, J. and Stivers, T. (eds) (2012) *Handbook of Conversation Analysis*, Boston, MA: Wiley-Blackwell.

Slavin, R. (2009) 'Cooperative learning', in G. McCulloch and D. Crook (eds), *International Encyclopedia of Education*, Abingdon, UK: Routledge.

Soong, B. and Mercer, N. (2011) 'Improving students' revision of physics concepts through ICT-based co-construction and prescriptive tutoring', *International Journal of Science Education*, 33 (8): 1055-1078.

Soong, B., Mercer, N. and Siew, S.E. (2010) 'Revision by means of computermediated peer discussions', *Physics Education*, 45 (3): 264-269.

Stahl, G. (2011) 'Collaborating around the tabletop', *International Journal of Computer-Supported Collaborative Learning*, 6 (4): 485-490.

Stillinger, J. (1991) *Multiple Authorship and the Myth of Solitary Genius*, Oxford: Oxford University Press.

Stone, M. and Thompson, J. (eds) (2006) *Literary Couplings, Madison*, WI: The University of Wisconsin Press.

Storey, H. and Joubert, M.M. (2004) 'The emotional dance of creative collaboration', in D. Miell and K. Littleton (eds), *Collaborative Creativity: contemporary perspectives*, London: Free Association Books.

Surowiecki, J. (2004) *The Wisdom of Crowds*, London: Abacus.

Swales, A. (1990) *Genre Analysis: English in academic and research settings*, Cambridge: Cambridge University Press.

Tolmie, A. and Boyle, J. (2000) 'Factors infl uencing the success of computer mediated communication (CMC) environments in university teaching: a review and case study', *Computers and Education*, 34 (2): 119-140.

Tomasello, M. (2009) *Why We Cooperate*, Boston, MA: MIT Press.

Torrance, E. P. (1987) *The Torrance Tests of Creative Thinking*, Bensenville, IL: Scholastic Testing Press (Original work published 1974).

Twiner, A. (2011) *Sociocultural Understandings of Technology-Mediated Educational Practices: improvable objects and meaning-making trajectories in the ICT-literate classroom*, Unpublished PhD thesis, The Open University. [Downloadable from: http://oro. open.ac.uk/19908]. Accessed January 22 2013.

Twiner, A., Littleton, K. Coffi n, C. and Whitelock, D. (in press) 'Meaning making as an interactional accomplishment: a temporal analysis of intentionality and improvisation in classroom dialogue', *International Journal of Educational Research*.

Underwood, G. and Underwood, J. (1999) 'Task effects on co-operative and collaborative learning with computers', in K. Littleton and P. Light (eds), *Learning g productive interaction*, London: Routledge.

van Oers, B., Elbers, E., van der Veer, R. and Wardekker, W. (eds) (2008) *The Transformation of Learning: advances in cultural-historical activity theory*, Cambridge: Cambridge University Press.

Vass, E. and Littleton, K. (2010) 'Peer collaboration and learning in the classroom', in K. Littleton, C. Wood and J. Kleine Staarman (eds), *International Handbook of Psychology in Education*, Bingley: Emerald.

Vass, E., Littleton, K., Miell, D. and Jones, A. (2008) 'The discourse of collaborative creative writing: peer collaboration as a context for mutual inspiration', *Thinking Skills and Creativity*, 3 (3): 192–202.

Vauras, M., Iiskala, T., Kajamies, A., Kinnunen, R. and Lehtinen, E. (2003) 'Sharedregulation and motivation of collaborating peers: a case analysis', *Psychologia: an international journal of psychology in the Orient*, 46 (1): 19–37.

Veenman, M. and Spaans, M. (2005) 'Relation between intellectual and metacognitiveskills: age and task difference', *Learning and Individual Differences*, 15: 159–176.

Volet, S.E., Summers, M. and Thurman, J. (2009) 'High-level co-regulation in collaborative learning: how does it emerge and how is it sustained?', *Learning and Instruction*, 19 (2): 128–143.

Vygotsky, L.S. (1962) *Thought and Language*, Cambridge, MA: MIT Press.

Vygotsky, L.S. (1978) *Mind in Society*, Cambridge MA: Harvard University Press.

Warwick, P., Mercer, N. and Kershner, R. (2013) '"Wait, let's just think about this": using the interactive whiteboard and talk rules to scaffold learning for co-regulation in collaborative science activities', *Learning, Culture and Social Interaction*, 2(1): 42–51.

Webb, N.M. (2009) 'The teacher's role in promoting collaborative dialogue in the classroom', *British Journal of Educational Psychology*, 79 (1): 1–28.

Webb, N. and Mastergeorge, A. (2003) 'Promoting effective helping behavior in peer directed groups', *International Journal of Educational Research*, 39 (1–2): 73–97.

Webb, N.M., Nemer, K.M. and Ing, M. (2006) 'Small-group refl ections: Parallels between teacher discourse and student behaviour in peer-directed groups', *Journal of the Learning Sciences*, 15 (1): 63–119.

Wegerif, R. (1998) 'The social dimension of asynchronous learning networks', *Journal of Asynchronous Learning Networks*, 2. [Available online at: http://www.aln.org/alnweb/journal/vol2_issue1/Wegerif.pdf]. Accessed 25 July 2003.

Wegerif, R. (2007) *Dialogic, Education and Technology: expanding the space of learning*, London: Springer Verlag.

Wegerif, R. (2010) 'Dialogue and teaching thinking with technology: opening, deepening and expanding the interface', in C. Howe and K. Littleton (eds), *Educational Dialogues: understanding and promoting productive interaction*, London: Routledge.

Wegerif, R. and Dawes (2005) *Thinking and Learning with ICT*, London:

RoutledgeFalmer.

Wegerif, R. and Mercer, N. (1997) 'Using computer-based text analysis to integrate quantitative and qualitative methods in the investigation of collaborative learning', *Language and Education*, 11 (4): 271–86.

Wegerif, R. and Scrimshaw, P. (1997) *Computers and Talk in the Primary Classroom*, Clevedon: Multilingual Matters.

Wegerif, R., Perez, J., Rojas-Drummond, S., Mercer, N. and Velez, M. (2005) 'Thinking Together in the UK and Mexico: transfer of an educational innovation', *Journal of Classroom Interaction*, 40 (1): 40–48.

Wells, G. (1999) *Dialogic Enquiry: towards a sociocultural practice and theory of education*, Cambridge: Cambridge University Press.

Wells, G. (2009) *The Meaning Makers: learning to talk and talking to learn (2nd edn)*, Bristol: Multilingual Matters.

Wertsch, J.V. (1979) 'From social interaction to higher psychological processes: a clarification and application of Vygotsky's theory', *Human Development*, 51 (1): 66–79.

Wertsch, J. V. (1985) 'Adult-child interaction as a source of self-regulation in children', in S. R. Yussen (ed.), *The Growth of Reflection in Children*, Orlando, FL: Academic Press.

Whitebread, D. and Pino Pasternak, D. (2010) 'Metacognition, self-regulation and meta-knowing', in K. Littleton, C. Wood and J. Kleine Staarman (eds), *International Handbook of Psychology in Education*, Bingley: Emerald.

Whyte, W.H. (1952) 'Groupthink', *Fortune*, March Issue.

Wilson, E.O. (2012) *The Social Conquest of Earth*, New York: Liveright Publishing/W. W. Norton and Company.

Winne, P. and Hadwin, A. (2008) 'The weave of motivation and self-regulated learning', in D. Schunk and B. Zimmerman (eds), *Motivation and Self-Regulated Learning: theory, research and applications*, New York: Taylor & Francis.

Wolf, M., Crosson, A. and Resnick, L. (2006) 'Accountable talk in reading comprehension instruction', *CSE Technical Report 670*, Learning and Research Development Center, Pittsburgh, PA: University of Pittsburgh.

Woolley, A., Chabris, C., Pentland, A., Hashmi, N. and Malone, T. (2010) 'Evidence for a collective intelligence factor in the performance of human groups', *Science*, 330 (6004): 686–688.

Yoshida, M. (2002) *Lesson Study: an introduction*, Madison, NJ: Global Educational Resources.

Young, S. (2008) 'Collaboration between 3- and 4-year-olds in self-initiated play on instruments', *International Journal of Educational Research*, 47 (1): 3-10.

Zimmerman, B.J. (2008) 'Investigating self-regulation and motivation: historical background, methodological developments, and future prospects', *American Educational Research Journal*, 45 (1): 166-183.

찾아보기

저자 소개

캐런 리틀턴(Karen Littleton)

개방대학 교육심리학 교수로 교육 및 교육공학 연구소의 소장이다. 2010년
부터 Routledge에서 교육심리학 책 시리즈의 편집자로 일하고 있다.

닐 머서(Neil Mercer)

케임브리지대학교 교육학 교수이자 동 대학 심리학과 교육학 그룹 학과장을
역임했고, 현재는 석좌교수이다. 개방대학에서 언어와 커뮤니케이션 교수로
재직했다. 2011년부터 The Cambridge college Hughes Hall의 학장을 역임했
고, 현재는 석좌교수이다.

역자 소개

김미경

연세대학교에서 신학과 심리학을 공부한 후, 미국 하버드대학교에서 인간발달심리학 석사학위를 받았다. 현재 영국 케임브리지대학교에서 언어심리 및 감정발달을 중심으로 박사학위 및 연구 중이며, 역서로는 엄마에게 보내는 편지, 이야기 놀이치료, 어린이의 꿈 세계가 있다.

김준경

한양대학교 미디어 커뮤니케이션학과를 졸업한 후, 미국 시라큐스대학교에서 Media Studies 전공으로 석사학위를 받았다. 현재 미국 사우스캐롤라이나대학교에서 Mass Communications 전공으로 박사학위 과정을 수료하고 동 대학에서 강의하며 논문 저술과 번역을 병행하고 있다.

유미숙

숙명여자대학교 아동복지학부에서 아동심리치료 전공 교수로, 심리치료대학원에서 미술치료 주임 교수로 재직 중이다. 한국놀이치료학회 회장 및 한국상담심리학회 부회장, 숙명여대 아동연구소장, 원광아동상담센터 소장 등을 역임하였으며, 심리치료와 관련된 많은 논문과 저술, 역서 등을 출간하였다.